HAYMONverlag

Tirol von innen gesehen

Zeitzeugen im Gespräch

Herausgegeben von Tiroler Tageszeitung,
ORF Tirol und Casinos Austria

Auflage:

4   3   2   1
2019   2018   2017   2016

© 2016
HAYMON verlag
Innsbruck-Wien
www.haymonverlag.at

ISBN 978-3-7099-7279-3

Umschlag- und Buchgestaltung nach Entwürfen von:
hœretzeder grafische gestaltung, Scheffau/Tirol
Umschlag: hœretzeder grafische gestaltung, Scheffau/Tirol
Coverfotos: Thomas Böhm (Walter Nagl), Julia Hammerle (Christian Berger),
Andreas Rottensteiner (Anton Christian, Eva Klotz, Leopold Wedl, Helmut Kopp)
Satz: Da-TeX Gerd Blumenstein, Leipzig

Gedruckt auf umweltfreundlichem,
chlor- und säurefrei gebleichtem Papier..

Inhaltsverzeichnis

Ein Blick zurück

Dr. Karl Stoss, Generaldirektor der Casinos Austria AG

Mit der Auflage dieses nunmehr fünften Buches sind all unsere Erwartungen an den Erfolg der „Zeitzeugen"-Gespräche im Casino Innsbruck bei Weitem übertroffen worden. Natürlich waren wir optimistisch, aber eine derart positive Resonanz lädt neben aller Freude auch schon wieder zum Nachdenken ein.

Einer der größten Philosophen der Menschheitsgeschichte, Konfuzius, sagte einst: „Die Erfahrung ist wie eine Laterne im Rücken; sie beleuchtet stets nur das Stück Weg, das wir bereits hinter uns haben."

Leider gehen heute unglaublich viele Erfahrungen und Erkenntnisse verloren. Man „googelt" schnell, was man wissen will, und nimmt sich kaum mehr die Zeit, mit anderen Menschen zu reden. Was meinst du dazu? Wie würdest du dieses Problem lösen? Genau hier sehe ich das Erfolgsgeheimnis der „Zeitzeugen"-Gesprächsreihe. Wir nehmen uns Zeit, wir zeigen Interesse, wir hören zu. Und wir lernen. Von Menschen, die die vergangenen Jahrzehnte auf herausragende Weise gelebt, unzählige Herausforderungen angenommen, Engagement und Mut bewiesen haben. Ihnen möchte ich dafür danken, dass sie uns durch ihre Auftritte einmalige und wertvolle Botschaften hinterlassen haben. Danke, dass wir sehen dürfen, welch beeindruckenden Weg die Laterne auf ihrem Rücken ausleuchtet.

Herzlich danken möchte ich Felix Mitterer, der heuer die Veranstaltungsreihe moderiert hat. Mit seinem Erfahrungsschatz, seinem Feingefühl und seinem Sinn für das Dramaturgische hat er es geschafft, den Zeitzeugen Antworten und Statements zu entlocken, die für uns alle von großer Bedeutung sind und, dank dieses Buches, auch für die Nachwelt aufbewahrt werden können.

Mein Dank gilt auch unseren Kooperationspartnern, der Moser Holding und dem ORF-Landesstudio Tirol. Sie haben durch die begleitende, umfangreiche Berichterstattung zum erfolgreichen Gelingen dieser Veranstaltungen beigetragen.

Ein Dankeschön auch an die Mitarbeiterinnen und Mitarbeiter und die Verantwortlichen des Casino Innsbruck. Sie haben durch ihre großartige Unterstützung einmal mehr gezeigt, dass unsere Casinos deutlich mehr sind als Orte der Unterhaltung und des Vergnügens. Casinos sind mit Veranstaltungsreihen wie den „Zeitzeugen"-Gesprächen besondere Orte der Begegnung und des gesellschaftlichen Lebens.

Ich wünsche Ihnen eine spannende Lektüre.

Herzlichst,

Dr. Karl Stoss
Generaldirektor
Casinos Austria AG

Spezielles Werk der Geschichts-schreibung

Hermann Petz, Vorstandsvorsitzender der Moser Holding

Geschichte wird durch Geschichten erst so richtig leben-dig! Die Bestätigung für diese These liefert uns seit eini-gen Jahren die Gesprächsreihe „Zeitzeugen", die wir in Kooperation mit den Casinos Austria und dem ORF Tirol 2011 gestartet und gleichzeitig beschlossen hatten, das Lebenswerk jener Menschen aufzuzeichnen, denen ein maßgeblicher Anteil an den Entwicklungen des Landes Tirol zugeschrieben werden muss.

Den nunmehr vorliegenden Band fünf der Buchserie sehe ich daher nicht nur als logische Fortsetzung eines erfolgreichen Formates, sondern als ein weiteres sehr spezielles Werk, als eine Bereicherung der Geschichts-schreibung einerseits und gleichzeitig als Denkanstoß zur Stärkung des Tiroler Geschichtsbewusstseins. Kon-kret – ich betrachte dieses fünfte Zeitzeugenbuch als einen wichtigen Schritt in den Anstrengungen, mehr über unsere Heimat Tirol zu erfahren, und die bisherigen vier Ausgaben sind die beste Bestätigung dafür, dass dieses Vorhaben gelungen ist. Denn dieser Schatz an Erfahrungen und persönlichen Eindrücken, die aus den Gesprächen entstehen, vermittelt in Zusammenarbeit mit den Recherchen der TT-Redakteure nicht nur einfühlsame Porträts faszinierender Zeitgenossen, sondern auch ein faszinierendes Bild der Tiroler Zeitgeschichte.

Wenn u. a. ein Pionier wie Leopold Wedl über den Start seines Imperiums plaudert und dabei Emotionen spürbar sind, wenn Christian Berger – der sein Handwerk mit der Kamera meisterhaft versteht – über die Begegnung mit Hollywoodstars erzählt oder Eva Klotz mit bewegenden Worten den dramatischen Lebensweg ihres Vaters beschreibt, dann überträgt das eine Authentizität, die Zuhörer wie Leser gleichermaßen fesselt.

Verbunden mit einem herzlichen Danke an unsere Zeitzeugen, an unsere Partner Casinos Austria und ORF Tirol, an Felix Mitterer und den Verantwortlichen des Haymon Verlages wünsche ich höchstes Lesevergnügen mit dieser aktuellen Ausgabe der Zeitzeugenserie.

Hermann Petz
Vorstandsvorsitzender
der Moser Holding

… und kein bisschen leise.

Helmut Krieghofer, Landesdirektor des ORF Tirol

In der fünften Staffel der populären Gesprächsreihe „Zeitzeugen" in Zusammenarbeit von Casinos Austria, Tiroler Tageszeitung und ORF Tirol ist die jüngere Zeitgeschichte Tirols einmal mehr lebendig geworden. An sechs Abenden haben jeweils Hunderte interessierte Tirolerinnen und Tiroler faszinierende Persönlichkeiten als Zeitzeugen im Gespräch mit Felix Mitterer erlebt.

Als Chronist seiner Zeit sieht sich Anton Christian, einer der bedeutendsten Künstler Tirols. Er erzählt über aufregende Jahre in den Kunstszenen von Paris und London in den 60er- und 70er-Jahren, die sein späteres Schaffen geprägt haben. Bis heute stellen Christians Werke Bezüge zu aktuellen brisanten Themen her, etwa das gestrandete Boot vor dem Innsbrucker Dom, das symbolisch für Menschen auf der Flucht stand.

Eine Zeitreise durch Telfs war das „Zeitzeugen"-Gespräch mit Helmut Kopp. 30 Jahre lang prägte er als Langzeit-Bürgermeister die Entwicklung der Marktgemeinde. So holte er die Volksschauspiele nach Telfs, ermöglichte die Ansiedlung des Liebherr-Werkes und bemühte sich stets um den Dialog mit den Telfer Muslimen.

Christian Berger begann seine Karriere als Kameramann im ORF Tirol. Heute ist er ein international bekannter Filmkünstler. Er arbeitet mit dem Oscar-prämierten Regisseur Michael Haneke genauso zusammen wie mit Hollywood-Star Angelina Jolie, die Berger als Kameramann für ihren Film *By the Sea* engagiert hat. Das Gestalten mit Licht im Film hat Christian Berger zur Meisterschaft entwickelt.

Ein „Zeitzeugen"-Gespräch unter Freunden war jenes, das Felix Mitterer mit dem Maler und Bildhauer Walter Nagl geführt hat. Nagls künstlerischer Erfolg ist Belohnung für harte Arbeit und Entbehrungen früher Jahre. Schon zwei Jahrzehnte vor Rudi Wach schuf Nagl einen nackten Christus, der im Festspielhaus Erl spät, aber doch einen sehr prominenten Platz gefunden hat.

Die jüngere Geschichte Tirols aus erster Hand hat Eva Klotz erzählt. Die Tochter des Südtirol-Aktivisten Georg Klotz war über dreißig Jahre lang streitbare Abgeordnete zum Südtiroler Landtag. Ebenso lang kämpfte sie gegen die, wie sie sie nennt, „Unrechtsgrenze" am Brenner. Der Gedanke an die Wiedereinführung von Grenzkontrollen am Brenner tue ihr im Herzen weh, sagt sie, auch wenn sie Österreich verstehe.

Einer der erfolgreichsten Wirtschaftskapitäne Tirols ist Hobbysegler Leopold Wedl. Im Alter von erst 24 Jahren übernahm er einst das Handelshaus Wedl. Heute ist das Familienunternehmen ein international tätiges Handels-Imperium mit 1.300 Mitarbeiter/innen und weltweit über 500 Millionen Euro Umsatz. Kaffeekultur ist Leopold Wedl ein ganz besonderes Herzensanliegen. Den besten Espresso Europas zu haben, ist sein ehrgeiziges Ziel.

In den „Zeitzeugen"-Gesprächen haben alle diese außergewöhnlichen Persönlichkeiten faszinierende Lebensgeschichten erzählt. Im „Trommelfell" von ORF Radio Tirol waren die Höhepunkte aus den einzelnen Interviews bereits zu hören. Ich darf Ihnen eine kurzweilige Lektüre mit den ausführlichen Lebensgeschichten der „Zeitzeugen" wünschen.

Helmut Krieghofer
Landesdirektor
ORF Tirol

Eine abenteuerliche Zeitreise

Projektkoordinator Fred Steinacher

Es ist schon verblüffend, wie die Zeit vergeht – im wahrsten Sinne des Wortes. Wir sind im November 2016 angekommen und bereits der fünfte Band dieser spannenden Serie liegt vor uns, vollgepackt mit tollen, interessanten Geschichten von sechs Persönlichkeiten, die in aufmerksam belauschten Gesprächen mit Felix Mitterer ihre abenteuerliche Zeitreise durch die Jahrzehnte zum Besten gegeben haben.

Die Grundsatzfrage zu dieser Serie, ob es denn eine Garantie dafür geben würde, dass in der Vergangenheit alles so verlaufen ist, wie uns das die Historiker erzählen, ist bisher für alle unsere Hauptdarsteller zu einer Herausforderung geworden und die Antworten bzw. Erzählungen sind eine Bestätigung der These, die da lautet: „Wenn mehrere Menschen die gleiche Geschichte erzählen, dann ist es jedes Mal eine andere Geschichte."

Redakteure der Tiroler Tageszeitung haben mitgeschrieben, nachgefragt und letztlich Porträts und Geschichten über jene Menschen verfasst, die in den unterschiedlichsten Bereichen Großes, Nachhaltiges geleistet haben; und damit ihrer Zeit sowie dem Land Tirol ein Vermächtnis für die Ewigkeit hinterlassen.

Dieses Vermächtnis aufzuzeichnen und gemeinsam mit dem Haymon Verlag in einer Buchreihe zu dokumentieren, hat einen besonderen Reiz, nicht zuletzt weil man – aus nächster Nähe sozusagen – eintauchen darf in die Historie von Menschen, die mit ihrem Wirken entscheidend dazu beigetragen haben, dass der Name Tirol in aller Welt bekannt ist.

Dank sagen möchte ich an dieser Stelle unseren Zeitzeugen, die mit ihren Erzählungen für kurzweilige Abende im Casineum gesorgt haben, aber ein herzliches Dankeschön gebührt nebst Felix Mitterer auch den KollegInnen aus der TT-Redaktion, die mit ihren Beiträgen wohl einzigartige Erinnerungen zu einem Lesestoff der besonderen Art aufbereitet haben.

Viel Spaß bei der Lektüre
wünscht

Fred Steinacher
Projektkoordinator
Moser Holding

Auf den Spuren des ewigen Rätsels vom Werden und Vergehen

Von Ivona Jelčić

Anton Christian im Zeitzeugengespräch mit Felix Mitterer

Die Bezeichnung „Menschenmaler" hat einst die Tiroler Kunsthistorikerin Magdalena Hörmann für ihn geprägt. Anton Christian gefiel das. Weil ja der Mensch in seiner gebeutelten Existenz, die conditio humana also, in seiner Kunst eine entscheidende Rolle spielt. Christian hat der „Menschenmaler" aber auch irgendwie an „Menschenfresser" erinnert. Sagt er. Die Lakonie, mit der er so manchen Fremdbetrachtungen begegnet und noch lieber Selbstbetrachtung betreibt, trifft, wenn man sein künstlerisches Werk hinzuzieht, rasch auf einen tieferen, geradezu romantischen Ernst: Christians Thema sind die Bedingungen und auch Beschädigungen des menschlichen Seins, die Ursprünge und Enden, der Kreislauf von Werden und Vergehen. Früh schon glich er diesen an organischen Vorgängen ab. Er erkundete ihn aber auch entlang von Mythologischem, Symbolistischem, Archaischem, Literarischem, Gesellschaftspsychologischem. Und nicht zuletzt im steten Abgleich mit der Natur. Selbst aus manchen „Rußblumen", 1995 aus den Relikten eines verheerenden Flurbrandes in Griechenland entstanden, erwachsen Ahnungen menschlicher Formen und Körper. „Ich bin schon einmal gewesen" ist wiederum der bedeutsame Titel einer Zeichnung aus dem Jahr 1978: Sie zeigt eine im Wasser widergespiegelte Gestalt auf einer Art Toten- und zugleich Auferstehungsbett. „Die Sehnsucht nach Archaischem und Elementarem", schrieb einmal der Kurator und Kunsthistoriker Peter Weiermair über den Künstler, entspreche „zutiefst der Person Anton Christians".

Zuhause in Natters unweit von Innsbruck begegnet man dem Künstler inmitten üppiger Natur: sattes Grün, Bäume, Blumenpracht – das perfekte Idyll eines gelernten Profi- und zugleich Anti-Tirolers. Die außereuropäischen Masken und Skulpturen, die es hier außerdem zu entdecken gibt, sind nur vermeintlich ein Bruch: Die Welt von Anton Christian hat schon immer auch weit über Tirol hinausgeführt. Auch noch, nachdem er Anfang der 1970er Jahre letztlich doch in der Heimat Wurzeln geschlagen hat. Und es sich zu Beginn ein bisschen seltsam anfühlte, plötzlich „so sesshaft" zu sein. „Verstehen Sie, was ich meine?", sagt der Künstler vierzig Jahre später. Und lacht.

Die Jahre in Paris und London, von denen hier noch die Rede sein wird, Vortragsreisen durch und Ausstellungen in den USA, Welterkundungstouren, die ihn schon früh per Anhalter bis nach Nordafrika geführt haben, die Faszination für Naturvölker und Stammeskunst werden dazu noch einige Erklärungen liefern.

Kriegsjahre in Oberau

Aber zurück zum Anfang zunächst, ins Tirol des Jahres 1940, in dem am 7. Februar Anton Christian Kirchmayr in Innsbruck zur Welt kommt. Er ist der Sohn von Anna und Toni Kirchmayr, jenem Tiroler Maler und Restaurator (1887–1965), dessen Spuren man hierzulande auf Schritt und Tritt begegnet. In der Wallfahrtskirche Maria Locherboden in Mötz, in der Pfarrkirche Auffach in der Wildschönau oder in Wenns, Vomp und Fulpmes. Als Kirchenrestaurator und Freskenmaler ist Kirchmayr im Raum Tirol, Salzburg und Bayern eine Instanz, bereits 1919 hat er außerdem in Innsbruck seine eigene Mal- und Zeichenschule gegründet: Sie ist *die* erste Ausbildungsstätte für fast alle namhaften Tiroler Künstler der Zeit, die später an die Akademie nach Wien gehen sollen, darunter etwa Franz Walchegger oder Max Weiler.

Anton Christian ist nach vier Töchtern aus früherer Ehe der erste Sohn, der Vater ist zum Zeitpunkt seiner Geburt bereits 53 Jahre alt. Es sind die letzten Jahre des Zweiten Weltkriegs, Innsbruck wird bombardiert, 1942 verfrachtet der aus Schwaz gebürtige Toni Kirchmayr die Familie nach Oberau in der Wildschönau. Die Umstände in seinem dort befindlichen kleinen Häuschen sind bescheiden. „Hinten am Balkon raus das Plumpsklo, kein Wasser im Haus, sondern im Schupfen nebenan." Der Vater ist kaum anwesend, wird sich Anton Christian später in einem autobiografischen Text, erschienen 1977 in der Tiroler Kulturzeitschrift *Das Fenster*, erinnern. „Den Sommer über malte und restaurierte er in Kirchen und an alten Häusern, im Winter hielt ihn seine Malschule, die er sehr geliebt hat und eigentlich als sein Hauptwerk betrachtete, von uns fern." Noch mit 57 Jahren wird Toni Kirchmayr von den Nazis, so Christian, „zum Reichsarbeitsdienst nach Prag" eingezogen.

Jahrzehnte später wird sich der Sohn ausgehend von sehr privaten Fundstücken mit der Zeit des Zweiten Weltkriegs beschäftigen: Nach dem Tod der Schwester Lisbeth findet er in ihrem Nachlass ein ganzes Paket voller Feldpostbriefe. „Das waren 16 verschiedene Briefschreiber, ein paar Verwandte der Familie, Freunde der Schwester, Unbekannte, denen sie geschrieben hat, weil es damals den Aufruf gab, man soll Briefe an unbekannte Soldaten schreiben, damit die halt auch Post bekommen". Von diesen 16 Leuten, sagt Christian, waren zwei dabei – „beide mit mir verwandt" –, bei denen „die nationalsozialistische Gesinnung aus den Briefen herauszulesen war, wo man gemerkt hat, dass sie einverstanden waren, mit dem, was passiert ist." Bei allen anderen war es das menschliche Empfinden abseits des Weltenlaufs, das den Künstler „zutiefst ergriffen" hat: Da war die Rede von „Heimweh, Eifersucht, nicht die Beschreibung des Grausigen, das sie erlebt und gesehen haben, sondern eher so: Bei euch wird jetzt wohl bald Weihnachten gefeiert. Oder: Blühen bei euch schon die Bäume?". Es entsteht der Zyklus *Feldpostbriefe* (2009–2012).

„... und kam mir vor wie Van Gogh"

Als Kind freilich, zunächst in Oberau, später wieder in Innsbruck, interessiert Anton Christian vor allem auch Handwerkliches. Vieles lernt er, so beschreibt er es selbst in seinen Erinnerungen, von „Vater Sandbichler", einem alten Wegmacher und Senn, der mit seiner Ehefrau ebenfalls im Haus wohnt. „Ich war oft bei ihm auf Almen, er zeigte mir, wie man am Stamm und im Holz den Unterschied zwischen Fichten und Tannen erkennt, wie man Holzriegel macht, Hacken und Messer schleift, Seile knüpft und mit Tieren umgeht." Vom Künstlerwerden träumt Christian nicht: „Ich wollte ebenso gut Architekt werden, das hat mich genauso interessiert." Ein Lehrer empfiehlt den Jungen schließlich an die Gewerbeschule, er besucht sie ab 1954, den Vater freut das, „weil er dachte: Dann habe ich mehr Hilfe beim Restaurieren." Toni Kirchmayr fertigt zu der Zeit auch Urkunden aus, für die Landesregierung oder die Bezirkshauptmannschaft. „Da hat er zu wenig Leute gehabt, die schön schreiben können, und in der Gewerbeschule haben wir gelernt, schön zu schreiben. Also habe ich dann Urkunden geschrieben und dadurch ein bisschen Taschengeld verdient. Da war ich so 14, 15." Mit schulischem Gehorsam kann sich Christian weniger anfreunden: Wegen „Renitenz und zu vieler versäumter Unterrichtsstunden" fliegt er im zweiten Jahr von der Schule, wird aber im darauffolgenden Herbst wieder aufgenommen und schließt die Ausbildung 1958 ab.

Längst interessiert er sich in dieser Zeit schon brennend für die Welt außerhalb Tirols. „Mein Vater war ja sozusagen ein Profitiroler. Nördlich von Nürnberg und südlich von Bozen, das waren für ihn alles Gauner." Dass aber den Sohn die Neugier in die Welt hinauszog, dagegen habe der Vater nie etwas gehabt. „Er hat sich sicher Sorgen gemacht, und die Mutter auch. Aber da war nie ein Wort, dass ich das nicht tun soll. Sie hätten das nie verweigern wollen. Auch nicht, als ich dann nach Paris gefahren bin. Das hat ihn nicht gestört, im Gegenteil: Er hat das gescheit gefunden". Die allerersten Ausflüge unternimmt Christian freilich noch mit den Pfadfindern, es geht an den Garda- und an den Bodensee. „Und dann kam die Autostoppzeit": Mit 16 beginnt er auf eigene Faust zu reisen, kommt in den Folgejahren bis ins südliche Marokko oder zur Weltausstellung in Brüssel 1958, nach Marseille und Barcelona – damals noch „raue, schmutzige Städte".

Auch das Abfindungsgeld, das er nach dem Präsenzdienst bekommt, wird für ausgedehnte Reisen verwendet, auf denen Anton Christian sich nun auch als Künstler erprobt: „Ich verfertigte von Marseille bis Tarragona eine Menge miserabler Aquarelle und kam mir vor wie van Gogh" (aus: *Das Fenster*, 1977). Die Zeichenschule des Vaters in der Herzog-Friedrich-Straße in Innsbruck hatte Christian bereits während der beiden letzten Gewerbeschuljahre besucht. Wie erging es ihm da, als Sohn? Der Vater habe ihn „gleich behandelt wie die anderen Schüler in seinem Kurs", sagt Christian: „Er hat halt hineingezeichnet, wenn er gemeint hat, dass man etwas falsch gemacht hat. Was man in dem Alter nicht so mag, aber er war sicher ein guter Lehrer".

Gleichgesinnte an der Akademie

Im Herbst 1959 schließlich fährt der 19-Jährige zur Aufnahmeprüfung an der Akademie der bildenden Künste nach Wien. Und beginnt in der Klasse von Josef Dobrowsky zu studieren. Er besucht auch den legendären „Abendakt-Kurs" von Herbert Boeckl: „Da ist man gern hingegangen, denn der Boeckl hat gern geredet – ein bisschen mystisch-verzerrt, das haben alle geschätzt und keiner hat ihn verstanden." Boeckl gab auf diesem Wege auch seine Ansichten an die Studenten weiter, etwa wenn er, so Christian, über „Kitsch" gesprochen und erklärt habe: „Klimt hat wenigstens echten Kitsch gemacht, aber bei Schiele war ja noch nicht einmal der Kitsch echt".

Die Jahrhundertwende-Kunst, erinnert sich Christian, habe „damals keinen Wert gehabt auf der Akademie. Die gültige Kunst in der allgemeinen Auffassung war die abstrakte Nachkriegsmalerei." Aber allzu dogmatisch dürfte es nicht zugegangen sein: „Die Professoren haben uns kaum je belästigt. Der Dobrowsky ist vielleicht alle 14 Tage einmal aufgetaucht." Als prägend empfindet Christian die Akademie-Zeit vor allem auch wegen des Austauschs unter den Studierenden, es ist eine Gemeinschaft Gleichgesinnter: „Man war ja mit Architekten, Filmemachern, Malern unter einem Dach. Das war schon etwas Besonderes". Die Lebensumstände sind zunächst freilich alles andere als bequem: Nach bestandener Aufnahmeprüfung teilt sich Christian erst einmal eine Bleibe mit seinem Landsmann und Mitstudenten Walter Nagl in Mödling – „in einem Gartenhäusl, kaum heizbar, das war nicht so lustig". Jeden Tag geht es mit dem Zug 17 Kilometer in die Wiener Innenstadt an die Akademie.

Und welche Kunst, welche Künstler empfand er für sich selbst als prägend? Christian nennt gern den Surrealismus, „auch als literarische Bewegung", Hieronymus Bosch, dessen berühmtes Weltgerichtstriptychon er in der Akademie bewunderte, oder, ganz wichtig: Goya. Wie und auf welchen Wegen er der Werke des spanischen Meisters im Madrider Prado ansichtig wurde, ist wiederum eine abenteuerliche Geschichte für sich: Auf einem der Meisterschulfeste von Fritz Wotruba erzählt ihm Monsignore Otto Mauer, Gründer der berühmten Galerie nächst St. Stephan, dass auf dem Madrider Flohmarkt El Rastro unzählige Antiquitäten, die während des Spanischen Bürgerkriegs aus Kirchen und Klöstern geplündert worden sind, angeboten würden. Und sich in Wien und München gut verkaufen ließen. Die Ausfuhr aus Spanien ist wohlgemerkt strengstens verboten. Kurz darauf befindet sich Anton Christian mit einem Freund, der ein Auto besitzt, auf dem Weg Richtung Süden. Im Prado beeindrucken ihn die Werke von Velazquez, Ribera und eben Goya, auf den Flohmärkten kauft er die Ware für die abenteuerliche Schmuggelfahrt – von deren Erlös er „fast ein ganzes Jahr lang in Wien leben" kann. Es soll nicht der letzte Ausflug nach Spanien gewesen sein.

Zeichnen im Louvre

Im Sommer 1963 schließlich kehrt Anton Christian mit dem Diplom eines akademischen Malers in der Tasche aus Wien nach Innsbruck zurück, bezieht ein Atelier in der Herzog-Friedrich-Straße neben der Mal- und Zeichenschule des Vaters – und verbringt die Zeit, wie er es 15 Jahre später selbst beschreibt, „fast ausschließlich im Caféhaus, mich selbst ungeheuer wichtig nehmend". Letztlich hält es ihn nicht lange in Tirol: Im Frühjahr 1964 fährt er für ein paar Tage nach Paris. Und fasst umgehend den Entschluss, sich dort für eine Weile als Künstler niederzulassen. Die französische Kunst, darf hier angemerkt werden, hat im Nachkriegstirol eine bedeutende Rolle gespielt: Die Strategie, die die französischen Besatzer verfolgten, um Animositäten auszuräumen oder jedenfalls so gering wie möglich zu halten, hat in so gut wie jeder Tiroler Künstlerbiografie der Zeit nachhaltige Spuren hinterlassen. Die Franzosen setzten auf Kultur, gründeten das Französische Kulturinstitut, organisierten Ausstellungen und Lesungen. „Wir haben ja in der Nazi-Zeit in einem Kultur-Blackout gelebt", sagt Christian. Das Institut français öffnete gewissermaßen ein Fenster zur Welt: Impressionisten, École de Paris, Picasso, auch deutsche Expressionisten, all das habe er, sagt Anton Christian, in den von den französischen Besatzern organisierten Ausstellungen zum ersten Mal in Innsbruck gesehen. „Heute wären solche Ausstellungen gar nicht mehr möglich, schon allein wegen der Versicherungssummen könnte sich das eine Provinzstadt nicht mehr leisten". Damals, in den 1950er und beginnenden 60er Jahren, sagt Christian rückblickend, sei dadurch in Tirol „natürlich der Eindruck entstanden, dass Paris nach wie vor der künstlerische Nabel der Welt ist. Aber in der Realität war es das in den Zwanzigerjahren."

1964 also bezieht Anton Christian ein winziges Zimmer im Hotel Dieppe in Paris, eine billige Absteige für Dauermieter, er haust notdürftig auf ein paar Quadratmetern, auf denen an Arbeiten kaum zu denken ist. Er zeichnet im Louvre und in anderen Museen. Dann trifft er einen Bekannten aus der Wiener Akademie-Zeit wieder. Auch Jörg Ortner ist als Künstler nach Paris gegangen. „Er hat mich gefragt: Wo arbeitest du? Und ich habe gesagt: Nirgendwo." Ortner bietet ihm an, sich mit ihm die Miete und den Raum seines Ateliers in Montparnasse zu teilen. Christian knüpft bald auch andere Kontakte, unter anderem zu Sonia Delaunay, die damals als geometrisch-abstrakte Malerin und Designerin, aber noch mehr durch ihre Ehe mit dem berühmten französischen Avantgarde-Künstler Robert Delaunay bekannt ist. Sie ist gerade dabei, die erste Ausstellung von Werken ihres 1941 verstorbenen Mannes in Deutschland vorzubereiten. Und engagiert Anton Christian als Sekretär. „Ich habe halt Handlanger-Arbeiten gemacht, Passepartouts geschnitten und Ähnliches." Das Geld ist knapp, Materialbeschaffung für junge Künstler eines der elementarsten Kunststücke: „Als Sonia Delaunay herausgefunden hat, dass meine Bilder mit Farben aus ihrer Werkstatt entstehen, hat sie mich hinausgeschmissen", erinnert sich Christian lachend.

Das jedenfalls in privater Hinsicht wohl zentralste Pariser Ereignis ist aber die Begegnung mit Marlis Hornbacher: Sie stammt aus Bayern, studiert in Innsbruck Pharmazie und kommt mit einer Exkursion der Universität Innsbruck nach Paris. Und sie ist schließlich auch der Grund dafür, dass Anton Christian ein Jahr später, 1967, nach Tirol zurückkehrt. Das Paar ist bis heute verheiratet.

Aus Anton Christian Kirchmayr ist da längst Anton Christian geworden. Auch als Abgrenzung zum bekannten Vater. „Aber ich wollte ihn damit nicht beleidigen", erinnert sich der Sohn. „Wir haben also schon darüber diskutiert und er hat volles Verständnis gehabt". Was die Kunst betrifft, gibt es gleichwohl Konfliktpotenzial: Die Moderne Kunst habe der Vater überhaupt nicht gemocht. „Jetzt haben wir halt, damit wir nicht streiten, einfach nicht darüber geredet. Aber sonst bin ich mit ihm gut ausgekommen." Seinem Vater, sagt Anton Christian, verdanke er zudem auch sein finanzielles Überleben. Bei ihm habe er „ein bisschen restaurieren gelernt", eine Fähigkeit, die ihm auch in den Anfangsjahren als Künstler eine sichere Einnahmequelle bescherte. Als Toni Kirchmayr 1965 im Alter von 78 Jahren stirbt, ist Anton Christian 25 Jahre alt.

2015 begegnete man Vater und Sohn in einer Ausstellung im Schwazer Rabalderhaus. Anton Christian hatte sie organisiert, dafür die Skizzenbücher und Mappen seines Vaters geöffnet und ihn als Künstler auch abseits seiner Rolle als bekannter Kirchenmaler und Restaurator in Erinnerung gerufen. Die Fotografie, die Vater und Sohn dort zusammen zeigt, ist allerdings eine Montage. Ein gemeinsames Bild besitzt Anton Christian nicht.

Anna und Toni Kirchmayr mit Anton Christian, 1940

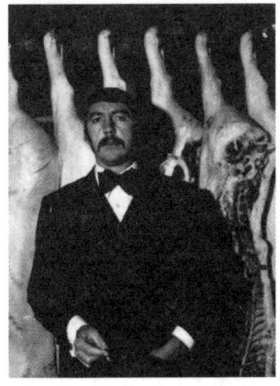

„Pilze als gedachter Straßenbelag",
London 1970

In der Galerie im Taxispa-
lais, 1969

Verwesung und Verfall

Auch nach der Rückkehr aus Paris sichern Aufträge für Restaurierungsarbeiten das finanzielle Auskommen. So hat Anton Christian auch die Möglichkeit, „ohne Druck", wie er sagt, eigene Arbeiten zu machen. 1969 verlässt er Tirol zusammen mit Ehefrau Marlis erneut. Es geht – mithilfe eines Auslandsstipendiums – nach London. In der britischen Metropole pulsiert in den 1960er und 70er Jahren das Kunstleben. Und hier geschieht Entscheidendes: „Ich habe mir damals gesagt", so Christian, „wie zuhause kann ich da nicht weitermachen, das ging nicht. Weil ich mit der Malerei auch angestanden bin, das hatte mit der Technik zu tun, aber auch mit der Einstellung. Und mit dem, was ich dort – und vorher schon in Frankreich – an Informationen dazugekriegt habe." Der Maler und Zeichner wird zum Konzeptkünstler, beginnt mit organischen Materialien, mit Pflanzen und Tierkadavern, mit Verwesung und Verfall zu experimentieren. „Viele Dinge passieren durch Zufall, irgendwas im Kühlschrank wird schimmlig und ich denke: Das möchte ich einmal ausprobieren." Christian lässt Brot, Zwiebeln, schließlich auch Fleisch, „das ja einen weitaus größeren symbolischen Wert hat", verrotten, setzt die organischen Materialien unterschiedlichen Bedingungen aus, legt sie in Flüssigkeiten wie Benzin, Olivenöl oder Salzwasser ein und beobachtet, fotografiert, zeichnet sie täglich. Zum Teil schneidet er diese Zeichnungen auch aus und verleiht ihnen damit wiederum etwas Objekthaftes.

Letztlich, sagt der Künstler heute, fuße die ganze restliche Arbeit seines Lebens auf diesen Londoner Experimenten. Die *Gesichter des Alterns* (1993), heute im Tiroler Landesmuseum Ferdinandeum beheimatet, nennt er als Beispiel: Sie sind aus 14 alten Eisenplatten, Fundstücken von einem Schrottplatz, gemacht, aus denen sich fragmentartig das Leben und Sterben, Angst, Einsamkeit,

Schmerz, Wiederkehr, Erlebtes und Ephemeres erhebt. Die Arbeit fuße „im Prinzip auf dem gleichen Konzept wie bei den Verfallsprozessen mit den Schweineköpfen oder mit all dem organischen Material. Ich habe damals diese Bleche gefunden, die sich auch mit der Zeit selbst zerstören, weil der Rost ja immer weiter frisst. Und daraus wollte ich etwas machen über das Alter und das Ende einer Arbeit. Die ja auch selbst altert und zerfällt: Die müssen ja drunter immer zusammenkehren, weil das bröselt. Und irgendwann hört die einfach auf zu existieren.“

Keineswegs zum ersten Mal sind es bei den *Gesichtern des Alterns* aber auch Philosophie und Literatur, die entscheidenden Einfluss haben. Auch das Verhängnis des Alters, wie es Simone de Beauvoir in ihrem Essay *La Vieillesse* von 1970 ausgebreitet hat, ist dem Künstler ein gedanklicher Anstoß: „Beauvoir beschreibt ja das phänomenologische Verhängnis: Irgendwann wird man krank, dadurch ist man gehandicapt in seiner Kommunikation, gleichzeitig muss man mehr Geld aufwenden für Medikamente etc., hat also weniger Geld zur Verfügung, möchte das gleichzeitig nicht zugeben, wird immobiler, kann Freunde nicht mehr besuchen, ist in der Folge einer Vereinsamung ausgesetzt, Sexualität kommt hinzu, Erinnerung, so stuft sich das ab, das habe ich als Ausgangspunkt verwendet“.

Die Experimente der Londoner Jahre sind gar nicht so einfach zu bewerkstelligen, die stellen den Künstler auch vor Entsorgungs- und andere Probleme: „Man hat ja für alles eine ‚licence‘ gebraucht, und die natürlich von einem Amt, das weit weg war“. Er habe dann auch vieles wieder vernichtet, nicht aber die bemalten Schweineköpfe, „die habe ich getrocknet, die gibt's also noch im Original, sie sind jetzt 40 oder 50 Jahre alt und fast zu Stein geworden“. Christians Arbeiten erregen einige

Aufmerksamkeit: Peter Townsend berichtet im *Studio International*, damals eine der wichtigsten Kunstzeitschriften, darüber. In der auf Avantgarde-Strömungen spezialisierten Galerie des deutschen Wahl-Londoners Sigi Krauss stellt Anton Christian zusammen mit dem österreichischen Künstler Richard Kriesche aus. Eine wichtige Anlaufstelle ist das Institute of Contemporary Arts (ICA), im London der 1950er und 60er Jahre eines der wichtigsten Zentren für zeitgenössische Kunst. Einer der Mitbegründer des ICA ist der Galerist, Kunstsammler und Surrealist Lord Roland Penrose. Zusammen mit Peter Weiermair fährt Christian nach Kent im Südosten Englands, um Penrose zu besuchen. Hinter einem „großen Portal", erinnert er sich, führte da „ein langer, knirschender Kiesweg" zu dem Anwesen. „Und dann stand da so ein kleines, altes Mandl in einer blauen Kluft, der mit einem Sieb das Laub aus einem Teich gefischt hat. Da hatten wir also unseren Lord."

Rückkehr nach Tirol

1971 kehren Anton Christian und Marlis nach Tirol zurück. Die Mutter ist an Krebs erkrankt, er möchte in ihrer Nähe sein. Im darauffolgenden Jahr kommt der erste von drei Söhnen zur Welt: Markus ist heute Instrumentenbauer, seine Werkstatt befindet sich im elterlichen Haus in Natters, im ehemaligen Atelier von Anton Christian. Der Jüngste, Clemens, hat Koch gelernt und ist mittlerweile „im Hotelmanagement tätig". Und Jakob Kirchmayr ist als Künstler in die Fußstapfen des Vaters getreten, nachdem er zunächst Restaurierung an der Akademie der Bildenden Künste in Wien studiert hat. Hat der Vater ihn ermutigt? „Überhaupt nicht, ich habe ihm abgeraten, hab ihm gesagt, das ist ein Scheißberuf", sagt Anton Christian, lacht und liebt seinen Beruf ganz offensichtlich trotzdem. Es ist „ein Abenteuer", auf das sich einzulassen ihm nach wie vor ganz einfach „Spaß macht". Auch wenn man gerade in den Anfängen nie wissen könne, ob man mit dem, was man da tut, auch reüssieren wird. Er selbst, sagt Anton Christian, habe das „als Junger aber auch nie so als Bedingung empfunden. Ich habe so in den Tag hineingelebt". Wiewohl natürlich trotzdem „ein Teil der Arbeit immer auch dadurch bedingt war, dass ich etwas verdienen musste". Aber: „Wenn man vom finanziellen Erfolg ausgeht, braucht man gleich gar nicht Künstler werden. Das steht in den Sternen, ob man damit auch etwas verdient oder nicht."

Zwanzig Jahre nach Anton Christians Londoner Verrottungsexperimenten steigt ein junger britischer Künstler, der verwesende Kuhköpfe in Glaskästen ausstellt und später ganze Rinder oder Haie in Formaldehyd einlegt, zum internationalen Kunstsuperstar auf. Er heißt Damien Hirst.

In Tirol zu bleiben „war aus Karrieresicht sicher ein Fehler. Aber man lebt ja nicht nur vom Beruf. Ich habe immer auch andere Sachen mit Begeisterung getan", sagt Anton Christian heute. Bedauert habe er die Rückkehr deshalb nie. Tatsache sei jedoch, „dass man nur in einem Zentrum eine Chance hat, überregional bekannt zu werden". In einer Provinzstadt wie Innsbruck komme eben „nicht einfach einmal so ein Kurator vorbei." Ihm gehe es keineswegs schlecht, sagt Anton Christian heute. Doch das, was er erreichen hätte können, „und was ich aus meiner Sicht auch verdient hätte, habe ich in Innsbruck nicht erreicht".

Die Siebziger und Achtziger sind geprägt von reger Ausstellungstätigkeit, unter anderem in der Schweiz. Folgenreich ist die Teilnahme an *The Austrian Exhibition* beim Edinburgh Festival 1973. Das Festival hatte Christian bereits im Jahr zuvor besucht und Kontakte geknüpft, die nun intensiviert werden. Der Tiroler macht Bekanntschaft mit den zahlreich anwesenden Amerikanern – „Vertreter von den Art Departments der Universitäten, Museumsleute": Schon einen Monat später reist er das erste Mal in die USA, zahlreiche weitere Einladungen folgen: Bis in die späten Neunzigerjahre hält Christian regelmäßig Vorträge über seine Kunst an verschiedenen Universitäten in den USA, wird 1980 „Visiting Artist" an der University of Houston, Texas, und stellt aus: unter anderem seinen Erich-Fried-Zyklus, „28 große Bilder, die in New York, San Antonio und in Houston zu sehen waren". Sogar ein Atelier in New York unterhält der Künstler zwischen 1988 und 1992. „Aber das habe ich eigentlich zu wenig genutzt", sagt er rückblickend. Der Lebensmittelpunkt ist Tirol. Künstlerische Auseinandersetzungen mit der Heimat sind bei Anton Christian, oftmals in Zeichnungen, nicht selten ironischer Natur: Das *Projekt zur Touristisierung unserer Flachlandgebiete* von 1977 zeigt ein auf Stelzen in die Landschaft gestelltes Bergmassiv. *Versteckt deutsch grüßen*, 1999: Es ragen zum Hitlergruß ausgestreckte Hände aus einem Heuhaufen.

Lebensbegleiter Literatur

Eine lange Freundschaft verbindet den Künstler mit dem im Jahr 2001 verstorbenen Tiroler Komponisten Werner Pirchner. „Er war zwei Tage älter als ich. Er am fünften Februar geboren, ich am siebten. Er ist mir nach seinem Tod sehr abgegangen". Mit Pirchner, aber auch mit Gert Chesi, der viel später das Schwazer Haus der Völker gründen wird, teilt Anton Christian früh das Interesse für den Jazz. „Auf der Ebene haben wir uns getroffen und zusammen Musik gehört. Das war unser Kennenlernen".

Performance mit „Pflug" (Eisen, Sägefisch-Roßtrum) in den Telfer Auen, 1975

Anton Christian mit Ehefrau Marlis und den Söhnen Markus, Jakob und Clemens

Ausstellung im Kunstverein Steyr, 1994

Und dann hat Chesi, damals junger Journalist, die Idee, nach Afrika zu fahren und den damals schon hochbetagten Albert Schweitzer zu interviewen. Ein Vorhaben, das am Ende nicht nur Chesi, sondern auch Anton Christian zum Sammler außereuropäischer Stammeskunst machen soll. Acht Monate lang arbeitet Chesi 1964 in dem von Schweitzer bereits 1913 gegründeten Urwald-Hospital Lambaréné im zentralafrikanischen Gabun mit. Und kommt mit ersten ethnografischen Objekten, zunächst vor allem Textilien, zurück. „Ich habe dann gleich einmal ein paar Zeichnungen eingetauscht, zuerst für Teppiche, irgendwann dann die erste Maske, da war ich irrsinnig stolz drauf", erinnert sich Anton Christian. Irgendwann kaufe man dann die ersten Bücher, „weil man wissen will, wo das herkommt, was für eine Tradition das hat", inzwischen füllen die Bände ganze Regale. Und eine beeindruckende Sammlung ist zustande gekommen. Sie fügt sich bei Christian zuhause erstaunlich stimmig zwischen Tiroler Bauernmöbel. „Wenn man denkt, wie sehr hier in den Alpen noch vor wenigen Jahren alles bäuerlich – archaisch – religiös geprägt war, dann ist das auch nicht so weit entfernt davon", sagte der Künstler in einem Interview für den Katalog einer Ausstellung in der RLB Kunstbrücke 2002. Die „Zeichen an alten Bauernhöfen, die vor bösen Geistern schützen", die Mutter, die noch „beim Gewitter geweihte Kräuter verbrannt" habe, „damit der Blitz nicht einschlägt", galten ihm darin als Beispiele dafür, dass „diese Auseinandersetzung für einen Älpler nichts Fremdes" sei. Objekte aus seiner Sammlung hat Christian 2011 im Innsbrucker Zeughaus zusammen mit eigenen Werken gezeigt.

Man trifft in seinem Haus aber auch auf Werke zahlreicher Künstlerkollegen. Günter Brus taucht da auf, eine kleine Arbeit von Arnulf Rainer, Frühes von Franz Mölk oder Chryseldis, weniger Bekanntes von Gernot

Baur. „Mich wundert immer, dass es Künstler gibt, die nicht sammeln", sagt er. „Wenn man Kunst macht, dann muss einen doch auch die Kunst anderer Leute interessieren." Wobei Anton Christian auch ein durchaus streitbarer Geist ist, wenn es um manche Richtungen der Gegenwartskunst geht. „Diese Bastlereien und Konzept'ln", sagt er, könne er „nicht mehr sehen. Das ist einfach fad. Und Kunst kann vieles sein, aber langweilig sollte sie nicht sein. Man braucht auch ein Thema. Wenn ich durch eine Kunstmesse gehe und an weiß-ich-wie-vielen Standln vorbei muss, bis ich irgendwo merke: ‚Das berührt mich', dann stimmt etwas nicht. Und damit vergrault man auch die Leute. Dann rennen alle nur mehr in historische Ausstellungen, man sieht das ja in Wien und anderswo: Die Impressionisten platzen aus allen Nähten." Ein noch größeres Ärgernis aber ist es für ihn, wenn die Kunst nur mehr als Geschäft verstanden wird: „Es geht heute mehr ums Besitzen als ums Verstehen. Oder um das Sich-Berühren-Lassen. Wenn ich Musik höre, die mich berührt, freue ich mich. Und das geht mir mit Kunst genauso. Wenn ich aber nur Kunst kaufe, um sie in irgendeiner Spedition einzulagern, damit ich sie um ein paar Millionen Euro an den Nächsten verkaufen kann, dann kann es das nicht sein. Aber damit habe ich mich abgefunden, dass Kunst eine Spielerei der Reichen ist".

Zurück in die frühen Siebzigerjahre: Für die künstlerische Entwicklung war die Zeit in London ungeheuer prägend. Die „Tierversuche", wie Christian sie nennt, setzt er auch nach der Rückkehr nach Tirol noch eine Zeit lang fort. Es entstehen Objekte und Assemblagen aus verschiedensten Materialien, Skelettteile und andere Tierrelikte gehören dazu, wie beim *Denkmal für einen Tag im Herbst* (1971). Christian geht mit seinen Arbeiten auch in die Natur hinaus, wie mit dem mit einem archaisch anmutenden Sägefisch-Roßtrum gebauten *Pflug* (1974/75) oder *I never was a sheep* (1973). Aus Tierischem, alltäglichen Fundstücken, Metallen, Stoffen und anderen Materialien entstehen doppelbödige skulpturale Objekte. Gedankenentwürfe gehen in Holzkisten auf wie in den *Fünf Porträts* von 1973: Dafür schickte Christian die Kisten an fünf Personen mit der Aufforderung, für sie bezeichnende Gegenstände darin einzuschließen. Die Schlüssel hat der Künstler in einen Eisenbehälter eingeschweißt.

Was die Malerei betrifft, waren die Sechzigerjahre – zweifellos von der Akademiezeit und auch dem Aufenthalt in Paris beeinflusst – noch von „großflächigen, beinahe abstrakten Figuren" geprägt. Nach England kehrt Christian zurück zur gegenständlichen Malerei, will „etwas darstellen" und mit seiner Kunst vor allem „berühren". Die Abstraktion ist für ihn längst am Ende: „Weil die Ausdrucksweise so eingeschränkt ist. Man macht etwas, das vorher noch nie da war: ein monochromes Bild. Das funktioniert ein Mal, aber das zweite monochrome Bild ist bereits langweilig, weil ich nichts mehr dazu erfinden kann. Und ich hätte mir nie vorstellen können, damit ein Leben zu verbringen". (Ein) Lebensbegleiter sind dagegen Literatur und Sprache, sie gewinnen für den Künstler schon früh zentrale Bedeutung: „Dass ich überhaupt Künstler geworden bin, hat auch damit zu tun, dass ich so gerne Briefe und Biografien gelesen habe. Von Van Gogh oder Paula Modersohn-Becker. Davon war ich schon auch romantisch beeinflusst." H. C. Artmann ist später, bis zu seinem Tod im Jahr 2000, ein wichtiger, guter Freund. Wenn er in Tirol weilt, wohnt er meistens im Haus des Künstlers in Natters, schreibt auch mehrere Texte für Anton Christian. Erich Fried widmet Christian den erwähnten Bilder-Zyklus *Achtundzwanzig Fragen, Bilder für Erich Fried* (1991–92), mit dem Lyriker

Christoph W. Bauer entstand zuletzt das Buch *schweben im kopf* (2010). Wenn er mit und zur Literatur arbeitet, versteht Anton Christian das keinesfalls als Illustration. Aus Schreiben und Malen entstehen übereinanderliegende Schichten, Worte und Texte werden Teil der Malerei und der Zeichnung, sind ihr eingeschrieben, durchgestrichen, mit ihr verwoben. „Das können Dinge sein, die ich mir denke, während ich arbeite, oder auch Notizen zu dem, was ich gerade tue. Oder es sind Texte von anderen Leuten. So wie andere Künstler Musik brauchen, um arbeiten zu können, ist es für mich das geschriebene Wort, das ungeheuer wichtig ist." Wichtig ist ihm auch, seinen Arbeiten Sprachliches mitzugeben: „Es gibt die künstlerische Wahrheit, die betrifft den, der es macht. Und dann gibt es den Betrachter, der seine eigene Wahrheit hat. Und in diesem Sinne glaube ich, ist die Hauptaufgabe eines Künstlers, für das, was er meint, Symbole zu finden. Und wenn er Glück hat, dann werden diese Symbole wiedererkannt vom Betrachter. Ich helfe dem persönlich immer ein bisschen nach mit Titeln. Ich nenne das Titelpoesie."

Zerschellt an den Klippen Europas

Das *Taufkleid für ein Kind aus einem kriegsführenden Land* entsteht 1972 als Reaktion auf den Vietnamkrieg. Es ist mit eisernen Stacheln besetzt. Zunehmend sieht sich Anton Christian auch als „Chronist seiner Zeit", nimmt in seinen Arbeiten auch gesellschaftspolitisch Stellung. Dieser Anspruch ist ebenso manifest, wie es die Symbole sind, die er findet. Manche davon tauchen auch in verschiedenen Werkphasen immer wieder auf, wie die Fetzenpuppe, die zum Symbol der Erinnerung, der hinterlassenen Spur und auch der Vergänglichkeit wird. Kunst ist ihm auch „Gedächtnisarbeit", gespeist nicht zuletzt aus Medienbildern, etwa von den blutigen Zerfallskriegen im ehemaligen Jugoslawien ab dem Beginn der Neunzigerjahre. Christian ist davon tief berührt. Und bis heute irritiert, dass es aus seiner Sicht damals „so wenige Künstlerreaktionen darauf gegeben hat". Marina Abramović ist ihm eine bis heute in eindrücklicher Erinnerung gebliebene Ausnahme: Auf der Venedig-Biennale 1997 sitzt sie im Rahmen ihrer Performance *Balkan Baroque* auf einem Berg Rinderknochen, reinigt diese und singt dabei jugoslawische Totenlieder.

Auf Anton Christians monumentaler Arbeit *Ehemals bewohnte Landschaft* (1999–2000) sind erneut Fetzenpuppen die letzten Relikte menschlichen Lebens und verlorener Kindheiten. In Bronze gegossene Füße laufen über Eisenplatten (*Land verlassen*, 1999–2000) oder tauchen in *Ort der Erinnerung* (1999–2000) in ein Meer aus schmelzendem Kerzenwachs. Flucht und Vertreibung sind Themen, die den Tiroler bis heute beschäftigen: *Treibgut* hieß eine Installation in bereits erwähnter Ausstellung im Zeughaus 2011. Neben einem riesigen Scheiterhaufen aus bemaltem Treibholz ist dort in einem Lazarettzelt ein Feldbett zu sehen, aus dessen Mitte eine mit scharfen Zähnen bewehrte Kreissäge ragt (*Bett mit Säge*). *Zerschellt an den Klippen des christlichen Europa* zeigt Anton Christian die Flüchtlingsschicksale von Lampedusa bereits 2014 mit einem hölzernen Boot vor dem Innsbrucker Dom. Im Kircheninneren ließ er im Sekundenabstand Wassertropfen in eine rostige Tonne tropfen.

Ausstellung in der Galerie Goldender Engl in Hall, 2005

Installation am Innsbrucker Dom, 2014

Auch als Schöpfer opulenter Gemälde, für die Anton Christian wohl am bekanntesten ist, arbeitet er sich unermüdlich an existenziellen Fragen ab, bohrt in Urängsten, taucht in Mythologisches und Archaisches ab und lässt die Elemente Wasser, Feuer, Erde immer wiederkehren. „Das Natur- und Menschenbild, das Anton Christian in seinem Gemälden entwirft, konfrontiert mit einer Wahrheit, die, wörtlich verstanden, unter die Haut geht. Der Künstler, sich bewusst, dass der Tod dem Leben nicht entgegengesetzt ist, dringt in die Substanz des rohen Fleisches und der rohen Instinkte ein, legt die Nervensysteme seiner Figuren und damit unserer eigenen frei, macht sichtbar, was kaum sagbar ist: Neben der unbändigen Vitalität, die in diesen Bildern pulst und pocht, die Qual und der physische Schmerz von existenzieller Angst, Einsamkeit; in diese Malgründe sind die gewaltsamen Einbrüche, die Aggressivität und die Tragik unserer Zeit gegraben", schreibt der Schriftsteller Reto Hänny im Katalog zur Retrospektive *Ort der Erinnerung* im Tiroler Landesmuseum Ferdinandeum im Jahr 2000.

Vielleicht auch im Bewusstsein der eigenen Endlichkeit beginnt Christian 2006 mit seinem Zyklus *Alte Leute*. Gebrechen, Krankheit, Siechtum tauchen zunehmend auf seinen Leinwänden auf, auch in schonungslosen Selbstporträts. Erneut kann auch Nachrichtliches aus der realen Lebenswelt als Anstoß für malerische Auseinandersetzung wirken: Besonders erschütternd fand der Künstler eine Zeitungsmeldung aus den USA, wonach immer häufiger ältere, demente Familienmitglieder irgendwo im öffentlichen Raum, zum Beispiel auf dem Parkplatz einer Shopping Mall, ausgesetzt werden, nachdem man zuvor alle Identitätsmerkmale entfernt hat. „Granny Dumping" ist der von US-Medien geprägte Begriff dafür. Mit dieser Geschichte ging Anton Christian 2009 sogar auf die Straße: In Einkaufswägen kauernde

Schauspielerinnen mimten bei dieser zwischen performativem Akt und sozialer Intervention schwankenden Unternehmung die „Grannys".

Ein Besuch im Atelier in Natters im Sommer 2016: Rechts geht es ins Wohnhaus, linker Hand befindet sich die Werkstatt: Eine ostasiatische Maske wacht über einer Werkbank, überall Bilder, Bücher, Arbeitsgerät. Anton Christian hat sich gerade wieder dem Dreidimensionalen zugewandt, erneut kommen alte Eisenplatten zum Einsatz, man spürt die Lust am Experiment, die Suche nach neuen formalen Lösungen für eine Kunst, die auch als zeitkritischer Kommentar verstanden werden will. Die zunehmende „Verdinglichung der Kreatur" beschäftige ihn, sagt Christian, sie ist nicht bloß am Tier, sondern auch am Menschen beobachtbar. Kälber werden mit Plastikmarken im Ohr klassifiziert, sortiert, auf materiellen Gewinn hin taxiert. Und die Menschen „checken im Urlaub in einem Club ein und kriegen dort ein Armband. Und dann weiß der Kellner, wer welchen Wert hat: Wer ein blaues Band hat, kriegt einen Drink gratis, wer ein rosanes hat, kriegt nur das Essen. Es geht nur mehr um die Total-Taxierung von Personen, die letztlich keine mehr sind. Ich finde das ganz schrecklich".

Vielleicht auch deshalb hat Anton Christian Gefallen an der Idee gefunden, sich ein Stück weit autark zu machen, auch von der industriellen Produktion. Als kleiner Bub kassiert er so manche „Watschn" für das Schwarzfischen in der Wildschönau. Später, schon auf den frühesten Reisen „mit 16, 17, habe ich mir immer vorgestellt, wie das wäre, sich selbst zu versorgen". Man zweifelt keinen Augenblick daran, dass er das zu einem großen Teil auch in die Tat umgesetzt hat. Der Künstler, heute 76, Goldketterl um den Hals und immer noch den Schalk des Abenteurers in den Augen, erzählt das auch gerne, um seine Passion für die Jagd zu erklären. Er will sich keinesfalls als „Jagdtourist oder Trophäenjäger" missverstanden wissen. „Mich interessiert die Revierjägerei, wo man weiß, diese oder jene Geiß hat das erste Jahr nur mehr ein Kitz, ich sehe das auch von der landwirtschaftlichen Seite her, wie ein Bauer, das hat mich immer interessiert". Das erlegte Wild wird im eigenen Keller zerlegt, es gehe ihm darum, etwas zu „verwerten und zu verarbeiten", sagt Anton Christian. Just in dem Moment kommt ein Jagdkollege in den Garten gestiefelt: Man habe den Bock, der vor Tagen in der Gegend angefahren worden sei, endlich gefunden. Und erlöst. Anton Christian verschwindet für ein paar Minuten. Kommt zurück und ist ganz da, wo ihn auch die Kunst seit vielen, vielen Jahren hinführt: beim ewigen Rätsel des doch so natürlichen Kreislaufs vom Werden und Vergehen.

Der Filmmaler

Von Silvana Resch

Vielfach ausgezeichneter Kameramann, Regisseur, Produzent und Autor: Christian Berger.

Filme machen heißt, in jedes Bild eine kleine Sonne zu setzen. Abel Gance

Vorwort

Christian Berger hat eine außergewöhnliche Karriere hinter sich. Vom rasenden Bildberichterstatter (als ORF-Kameramann) wurde er zum Dokumentarfilmer, Produzenten und Regisseur. Der Tiroler Autorenfilmer mit klarem Blick auf die Heimat zählt heute zu den renommiertesten Kameramännern des Arthouse-Cinemas, er gilt als wichtigster Bildgestalter des österreichischen Kinos. Der Sohn eines Kunstmalers sollte vom Beinahe-Lichttechniker im Labor des Lichtpioniers Christian

Bartenbach selbst zu einem Meister des Lichts werden: Christian Berger ist ein Filmmaler, der mit minimalen Mitteln maximale Effekte erzielt. Gemeinsam mit Bartenbach hat er ein revolutionäres Filmbeleuchtungssystem entwickelt. Nicht weil er, wie viele seiner Berufskollegen, technikversessen wäre, sondern weil er daran glaubt, dass Technik helfen soll, eine Idee umzusetzen.

Eine gewisse Unvoreingenommenheit zeichnet seine Arbeiten aus, eine Tugend, die er als Lehrender auch an der Wiener Filmakademie zu vermitteln suchte. Für seine Arbeit wurde der Filmkünstler mehrfach ausgezeichnet. Vom Tiroler Landespreis für Kunst (1997) bis hin zum prestigeträchtigen Award for „Outstanding Achievement in Cinematography" der American Society of Cinematographers (2009). Eine Auszeichnung, die unter Insidern zumindest gleich viel wert ist wie der Oscar, für den der Kameramann ebenfalls nominiert wurde.

Der Tiroler hat mit namhaften Autorenfilmern und Hollywood-Superstars gearbeitet. Aufgrund der Fülle seines Werks konzentriert sich dieser Beitrag auf die international erfolgreichsten und aufsehenerregendsten Filme sowie auf Christian Bergers künstlerische Auseinandersetzung mit seiner Heimat.

Im Wohnzimmer des Christian Berger

Draußen ist es für Mitte Mai ein wenig zu kühl, der Himmel wolkenverhangen, ein frischer Wind weht. Drinnen ist es für eine Wohnung im Erdgeschoss mitten in Wien ein wenig zu hell – auch wenn der Blick in den Garten von großen Fenstern und Türen gerahmt wird. Wie viel an Helligkeit von den kleinen, speziellen Lampen[1] kommt, die über dem Schreibtisch angebracht sind, lässt sich nicht sagen. In ihrer Unscheinbarkeit sorgen sie für ein natürliches, gleichmäßiges Licht. An der Wand gegenüber sticht eine Farbfotografie von Eva Green ins Auge. Die französische Schauspielerin, die ihr Bond-Girl-Image längst ablegen konnte, ist die Nichte von Christian Bergers Ehefrau Marika Green. Das Bild, das auch auf dem Cover eines Modemagazins prangen könnte, zeigt sie mit einem Welpen im Arm. In diesem Moment meldet sich die Hündin von Marika Green mit einem Kläffen von der Terrasse.

„Sie ist 13 Jahre alt, halb blind, ein bisschen taub und manchmal verwirrt – so wie wir das auch einmal sein werden", sagt Christian Berger und lässt das Tier in die Wohnung.

Der Garten draußen präsentiert sich als unerwartetes Idyll, Nadelbäume wachsen zwischen hohen Mauern, „ein kleines Stück Tirol mitten in Wien". Als Lehrbeauftragter der Filmakademie Wien ist der 2010 emeritierte Professor jahrelang zwischen Ost und West gependelt. Seine Frau fand schließlich diese Wohnung unweit von Schloss Schönbrunn.

30 Jahre lang lebte der Filmemacher in Lans; als der Mietvertrag seines Hauses nicht mehr verlängert wurde, hat er die Zelte in Tirol abgebrochen. Dass er in Lans auch geboren wurde, wie auf Wikipedia zu lesen ist, stimmt nicht. „Meine Eltern waren, was mir heute aus gegebenem Anlass oft in den Sinn kommt, auf der Flucht."[2] Sein Vater, Fritz Berger, ein Kunstmaler aus Innsbruck, der in Wien studierte, und seine aus Wien stammende Mutter Emmy, eine Tänzerin, sind gegen Kriegsende vor den Russen nach Tirol geflohen. Für die Strecke von Bruck an der Mur bis Jochberg hätten sie zwei Wochen gebraucht, „damals war alles im Fluss, die Einteilung der Sektoren war noch nicht klar." Das Licht der Welt erblickte er am 13. Jänner 1945. „Ich bin im Standesamt Langenwang bei Mürzzuschlag verbucht." Seine Mutter habe ihm zuletzt noch sehr eindrücklich die Details der Flucht geschildert.

Anfang 2016 ist sie gestorben. Kurz zuvor hatte Emmy Berger noch ihren 99. Geburtstag gefeiert, „mit ihren ehemaligen Tanz-Schülerinnen, die auch schon 80 sind". Nicht auf den 99., sondern auf den Beginn des 100. Lebensjahres wurde dabei angestoßen.

Auch die Schauspielerin Marika Green, Christian Bergers zweite Ehefrau, ist ausgebildete Tänzerin. Ihr Vater war Kameramann und Fotograf, so wie bereits ihre schwedische Großmutter Mia Green. Dabei galt die Fotografie Mitte des 19. Jahrhunderts als höchst ungewöhnliche Profession[3] für eine junge Dame.

Gemeinsam mit seiner Frau hat Christian Berger 2010 eine Ausstellung über die fotografische Geschichte ihrer Familie mit dem begleitenden Bildband *Green. Photographic Sights. Images 1894–2010* kuratiert. Mia Greens Fotos – von denen ihre Enkeltochter 8000 Glasnegative aufspüren konnte – seien von „einer unheimlichen Qualität", schwärmt der Bildgestalter. Ihr Sohn Lennart Green, der am Bauhaus[4] studierte und schließlich mit seiner französischen Frau in Paris lebte, porträtierte für namhafte Magazine die künstlerisch einflussreichsten Persönlichkeiten seiner Zeit, unter anderem Salvador Dalí[5]. In dritter Generation zog es die Greens vor die Kamera, Marika spielte ihre erste Hauptrolle in *Pickpocket*, Robert Bressons Kultfilm aus dem Jahr 1959.

Wohl kein Zufall, dass Bresson ebenso wie Jean-Luc Godard zu den großen Vorbildern des jungen Christian Berger zählte. „Ich war zu der Zeit sehr beeindruckt von der Nouvelle Vague. Ich wollte Filme machen, Regie oder Kamera, was genau, war nicht so wichtig", sagt er. Ihre letzte Hauptrolle sollte Marika Green schließlich unter der Regie ihres Mannes spielen. Für den Film *Hanna Monster, Liebling* (1988) schrieb Christian Berger auch das Drehbuch, fungierte als Kameramann und Produzent.

Christian Berger 1966 mit seiner ersten Kamera in Lans

Kameramann Christian Berger 1975 im Einsatz für den Aktuellen
Dienst des ORF

Vielleicht habe ihr minimalistisches Spiel nach Bressons Art ihn beeinflusst[6], notiert sie im Vorwort zum Band *Christian Berger. Bildnomade*. Ihr Mann möge Schauspieler, die „sind". Er liebe es, alles zu zeigen und zu stilisieren, was er filme. „Die Menschen, die Natur, die Luft, das Wasser, die Musik, die modernen Technologien."

Die Foto-Ausstellung zur Familie Green im Jahr 2010 war ein Projekt zum „Erholen" (O-Ton Felix Mitterer). Entspannung nach einem der bekannt fordernden Drehs mit dem österreichischen Starregisseur Michael Haneke. Christian Berger wird gerne als sein Auge bezeichnet. Mit *Benny's Video*, *71 Fragmente einer Chronologie des Zufalls*, *Die Klavierspielerin*, *Caché* und *Das weiße Band* haben die beiden gemeinsam fünf Filme realisiert, ein sechster wurde im Sommer 2016 gedreht.

Das Auge des Starregisseurs

Michael Haneke mag das Drehen nicht, für ihn zählt das Buch und dann geht es bergab. Christian Berger[7]

Es mache mehr Spaß, seine Filme zu drehen, als sie anzusehen[8], scherzte Michael Haneke einmal. Lustig ist es wohl dennoch nicht: „Nach dem Dreh weißt du nicht mehr, wieso es so anstrengend war, aber währenddessen bist du am Zahnfleisch", sagt Christian Berger. Trotz aller Strapazen ist die Zusammenarbeit äußerst fruchtbar, ihre Bildauffassung decke sich, sagt der Kameramann. Bereits beim Lesen des Drehbuchs wisse er, wie der Film aussehen soll – in seinem und auch in Hanekes Sinn. Mit ihren Arbeiten fanden die beiden nicht nur bei der Kritik Anklang, sondern allmählich auch beim Publikum. *Die Klavierspielerin* (2001) lockte Millionen von Zuschauern[9] ins Kino. Die Verfilmung von Elfriede

Jelineks gleichnamigem Roman ist die erfolgreichste Produktion mit österreichischer Beteiligung der frühen 2000er-Jahre.

Die Zusammenarbeit nahm 1992 ihren Anfang. Michael Haneke wollte unbedingt mit Christian Berger arbeiten, nachdem er dessen Debütfilm *Raffl* gesehen hatte. *Benny's Video* ist der erste gemeinsame Film der beiden, er hat, wie so oft bei Haneke, die Verrohung der Wohlstandsgesellschaft zum Thema. Benny, Sohn wohlhabender Eltern an der Schwelle zur Pubertät, nimmt die Welt um sich herum beinahe ausschließlich durch seine Videokamera wahr. Der materielle Überfluss geht mit emotioneller Verwahrlosung einher. Als Benny eines Tages ein Mädchen mit nach Hause nimmt, wird er unvermittelt zum Gewalttäter. Mit einem Schlachtschussapparat tötet der Junge die Gleichaltrige. Die zunächst schockierten Eltern helfen ihm, den Mord zu vertuschen. Der „dicht inszenierte, hervorragend gespielte und fotografierte Film umschreibe mit verstörender Konsequenz den Verlust von Wirklichkeitsgefühl, Leidenschaft und Leidensfähigkeit",[10] heißt es dazu im Lexikon des Internationalen Films.

Dem Tiroler Kameramann brachte das Drama viel Beachtung: Beim „Festival de L'Image" im französischen Chalon-sur-Saône, wo Christian Berger Jahre später auch als Präsident der Jury in Erscheinung treten sollte, wurde *Benny's Video* für das „beste Licht" ausgezeichnet.

In seinen Filmsplittern[11] notierte der Innsbrucker 1993, dass Michael Haneke in seinen Filmen stets nur eine uralte Frage stelle. Es sei die Frage nach dem lieben Gott, die in allen drei Filmen seiner ersten Trilogie aufgeworfen werde:

„Wo ist der liebe Gott,
   wo ist der liebe Gott, zum Teufel auch,
   und wo ist dieser verdammte liebe Gott?"

Ob ihn, Christian Berger, diese Frage auch umtreibe? „Ich bin gegen Religionen, ich bin ein Atheist, würde ich sagen, aber ich habe überhaupt kein Problem damit, Wunder anzuerkennen". Dafür brauche es keine Verbindung mit „irgendeinem dieser Götter, die nur eine breite Blutspur durch die Geschichte ziehen".

Das Leiden der Opfer

„Eine der auffallendsten Gemeinsamkeiten oder Kennzeichen unserer Geschichten ist, dass unsere Protagonisten in der Regel Leidende sind – Erleidende. Figuren, denen etwas passiert, die immer unter Zugzwang stehen, während man doch aus dem Lehrbuch weiß, dass die Tuer attraktiver sind ...", schrieb Christian Berger 1993 in seinen Filmsplittern.[12]

Michael Haneke gilt als Moralist, dessen frühe Werke entweder heftig bejubelt oder empört abgelehnt wurden. Die Spielfilme, zumeist als scharfe Medienkritik formuliert, sind für den Zuschauer nur schwer zu ertragen[13]. Durch Regisseure wie Quentin Tarantino hat sich die Darstellung von Gewalt – längst Gewohnheitsware im Mainstreamkino – zu einer eigenen Kunstform mit Kult-Charakter[14] entwickelt, sie wird im Dienste der Coolness ästhetisiert. Michael Haneke hingegen will sie als das zeigen, was sie ist: als Leiden der Opfer.[15] Die Gewalt der Täter wird dabei kaum gezeigt – der Horror entfaltet sich über die Audiospur. Wird die Ausübung der brutalen Gewaltakte – für die es zumeist weder Motiv noch Vorzeichen gibt – aber doch für das Kamera-Auge inszeniert, dann mit der Absicht, dem Betrachter den medialen Konsum von Gewalt zu verleiden. Der Zuschauer wird bei Michael Haneke als Voyeur entlarvt.

Über die erzieherischen Absichten seines Kollegen will sich Christian Berger nicht äußern. Es sei viel schlimmer, merkt er an, dass im US-Mainstream-Kino – „egal ob Schnulze oder Gewaltorgie" – am Schluss die amerikanische Flagge wehe. Das sei Indoktrinierung und „Nicht-ein-bisschen-moralisch-Sein."

Der bislang letzte Film der beiden wurde 2009 als das Ereignis des europäischen Kinos gefeiert: *Das weiße Band* spielt ein Jahr vor Ausbruch des Ersten Weltkriegs: Im fiktiven norddeutschen Dorf Eichwald herrschen Zucht und Ordnung – zumindest vordergründig. Der Pastor verprügelt und demütigt seine Kinder, um sie zu tugendhaften Menschen zu formen. Dass er mit seinen Erziehungsmethoden das Gegenteil erreicht, lässt eine Serie von seltsamen Vorfällen und Verbrechen erahnen. Das Drama über eine Generation, die unter dem Diktat eines sittenstrengen Protestantismus zu seelenlosen Monstern herangezogen wird, wurde mehrfach ausgezeichnet – unter anderem mit einer Goldenen Palme – und auch für einen Oscar als „bester fremdsprachiger Film" nominiert. Gängige Interpretationen, wonach *Das weiße Band* die Genese des Nationalsozialismus skizziere, greifen für Michael Haneke zu kurz: „Wird ein Ideal verabsolutiert, wird es immer unmenschlich"[16], sagt er.

Das Drama habe Haneke erstmals von „einer wärmeren Warte aus erzählt", meint Christian Berger: „Es gibt eine Liebesgeschichte, es gibt Kinder und es gibt Eltern, die ihre Kinder bestrafen. Die Eltern tun das, obwohl sie das eigentlich gar nicht wollen, aber sie glauben, dass das so richtig ist." Es handle sich um Beschreibungen von Irrtümern und nicht nur von Bosheit, „und das ist schon auch ein Unterschied. Diese produzieren Bosheit, das hat Michael toll gezeigt", sagt er voll Anerkennung.

Fotografiert ist *Das weiße Band* in gravitätisch strengen Bildern. Diese herausragende Kameraarbeit markiert den bisherigen Höhepunkt in Bergers Karriere. Neben zahlreichen Auszeichnungen – unter anderem auch dem Preis der ASC, der American Society of Cinematography, der intern als die vermutlich wichtigste internationale Auszeichnung gilt – wurde das Drama nicht nur als bester fremdsprachiger Film für einen Oscar nominiert, sondern auch für die beste Kamera. Zu der Arbeit könne man wirklich stehen, meint er bescheiden.[17] Die Goldstatuette für die beste Kamera ging damals jedoch an den Blockbuster *Avatar*, ein 3D-Film, der real gedrehte mit computeranimierten Szenen vermischt. Bereits im Vorfeld wurde der Hollywood-Streifen als starker Konkurrent zur österreichisch-deutschen Arthouse-Produktion gehandelt. Berger zeigte sich gelassen: „Ich halte es für eine faszinierende und interessante Gegenüberstellung. Grundsätzlich war Kino immer schon Jahrmarkt, seine Faszination lag immer schon im lustvollen Schauen und das kann ‚Avatar‘ sehr gut bedienen"[18,] so der Lichtkünstler.

Der durchschlagende Erfolg von *Das weiße Band* kam für alle Beteiligten überraschend: „Die Produzenten und Verleiher, alle haben sich gefragt, was die Geschichte eigentlich soll: Norddeutschland vor dem Ersten Weltkrieg, Schwarzweiß, keine Musik, keine Hauptdarsteller, keine Stars, sondern eine Gruppe von Kindern. In den Staaten hat es eine Vorführung gegeben, da sind die Leute rausgegangen, weil sie gedacht haben, der Film ist noch nicht fertig geschnitten. Nichts hat gestimmt, überlang war das Ganze auch noch und ohne Happy End. Und plötzlich wird das so ein Hype, das ist völlig gegen das Rezept", wundert sich Christian Berger noch heute. Dass sie an etwas ganz Besonderem arbeiteten, sei ihnen während des Drehs nicht bewusst gewesen. „Da waren schon Szenen, da wusste ich, die sind Masterpiece. Aber man weiß ja überhaupt nicht, ob der ganze Film funktioniert."

An der Grenze des Machbaren

Licht hat keine Kraft ohne das Dunkle, Dunkelheit kann ich nur zeigen, wenn es wenigstens ein winziges Licht gibt.[19] Christian Berger

Es braucht keine Farbe, damit der Zuschauer das, was er auf der Leinwand zu sehen bekommt, als Realität annimmt – zumindest als fiktionale Realität. Das empfand bereits Rudolf Arnheim 1932 als außerordentlich bemerkenswert[20]. Die Beleuchtung spiele indes eine sehr große Rolle, darin sei das Filmbild der Wirklichkeit ähnlich, so der Medientheoretiker. Als Arnheim sein Buch *Film als Kunst* zu Papier brachte, war das Schwarzweiß-Bild freilich noch frei von dem Gefühl der Nostalgie, das es heute beim Betrachter evoziert. Unter Regisseuren wie Josef von Sternberg oder Friedrich Wilhelm Murnau avancierten die Kameramänner in den 1920er-Jahren zu Künstlern, zu „Zauberern mit Licht" – so wie auch Christian Berger einer ist. Im Gegensatz zum Tiroler scherten sie sich in ihren expressiven Lichtgestaltungen nicht um Natürlichkeit, der Einsatz von Licht und Schatten wurde vielmehr zum Ausdruck eines individuellen Stils.

Für *Das weiße Band* hat der Tiroler einen modernen Schwarzweiß-Look kreiert. Die präzisen, an den Fotografen August Sander erinnernden Bilder erzählen von einer vergangenen Epoche und sind dennoch von seltsamer Zeitlosigkeit. Wenn alle Farbwerte auf Schwarzweiß reduziert sind, sind die Anforderungen an die Lichtgestaltung freilich noch höher. „Dämmerung oder verschiedene Tageszeiten herzustellen kommt bei Schwarzweiß als Schwierigkeit hinzu, die simple Methode mit Warm-Kalt, Rot-Blau bringt nichts"[21], erläutert Berger.

Das weiße Band wurde aufgrund der höheren Empfindlichkeit auf Farbmaterial gedreht und auf Schwarzweiß ausbelichtet. Trotz aller Unwägbarkeiten wurde ein beeindruckendes Ergebnis erzielt.

Das „weiße Band" führt tief hinein in das Herz der Finsternis, zuweilen werden Szenen nur von einer Kerze oder dem schwachen Schein einer Öllampe erhellt. „Der Film wäre vor einigen Jahren nicht nur wegen der Dunkelheit nicht machbar, sondern auch wegen des Looks undenkbar gewesen. Mit der Dunkelheit ist es bei Michael immer das Gleiche, es ist ihm immer alles viel zu hell."[22] Bei einigen Schlüsselszenen hätten sie sich an der Grenze des Machbaren bewegt, der Dreh sei teilweise ein „wirklicher Blindflug" gewesen. „Dass es geht, ist bewiesen, aber es ist so sauknapp, dass man es vorher nicht wissen kann. Wenn es gelingt, ist es dann aber auch schöner."

Dabei wirkt die Lichtgestaltung in Das „weiße Band" auf bestechende Art natürlich. Die versiegelten Gesichter der Kinder, die dieses Drama dominieren, scheinen von innen heraus zu leuchten.

Vom Labor-Praktikanten zum rasenden Reporter

Die Geschichte des Lichts ist die Geschichte des Lebens, und das menschliche Auge ist die erste Kamera.
Josef von Sternberg

Am Anfang war das Licht, das gilt auch für die Schöpfungsgeschichte des Kinos. Von der Belichtung des Filmmaterials über das Licht am Set bis zur Projektion auf die Leinwand. Christian Berger leuchtete es zudem zur rechten Zeit den rechten Weg. Christian Bartenbach sollte für ihn zu einem wichtigen Mentor und später auch Partner werden. Bei ihm begann der Schulabbrecher im Teenageralter ein Praktikum in der lichttechnischen Projektabteilung. Dass er damals bei der Mathe-Wiederholungsprüfung am Gymnasium Adolf-Pichler-Platz durchgefallen ist, das „stinkt ihm auch heute noch"[23]. Den ganzen Sommer über habe er gepaukt und den Stoff auch beherrscht, doch der Lehrer, „ein Altnazi", ließ ihn durchfallen, weil er zum weißen Hemd keine Krawatte trug. „Das ist ein bisschen ein Schatten, der über meiner Jugend liegt." Durch Vermittlung des Architekten Josef Lackner, ein Freund der Eltern, fand er die Stelle. Bartenbach, ein studierter Elektronikingenieur, hatte in der Innsbrucker Colingasse gerade sein erstes Lichtplanungsbüro aufgemacht. Der Beruf des Lichttechnikers, zu dem ihn Bartenbach ausbilden wollte, habe ihm „sehr gefallen", erinnert sich Berger. Zu diesem Zeitpunkt habe er aber noch nicht erkannt, was Licht einmal für ihn bedeuten würde. Die Berufsausbildung sollte er nicht abschließen, sein Chef habe ihn damals sehr kulant gehen lassen.

Sein Talent, visuelle Erscheinungsbilder zu erkennen und zu bewerten, sei damals aber schon sehr ausgeprägt gewesen[24], schrieb Christian Bartenbach zum 60. Geburtstag seines ehemaligen Praktikanten. Es sollte eine Weile dauern, bis sich die beiden wieder begegneten.

Der damals 18-jährige Filmliebhaber wollte nämlich selbst Kino machen und versuchte sein Glück an den Hochschulen „quer durch Europa", vom IDHEC (Institut des Hautes Études Cinématographiques) in Paris bis zur Cinecittà in Rom. Ohne Sprachkenntnisse bewarb er sich um die Aufnahme, auch wenn das Studium im Ausland eher was „für Reiche" gewesen sei. Eine Assistentenstelle in Linz ist es dann schließlich geworden. Dort putzte er die Geräte, aber auch bei einem polnischen Trickfilm sammelte er Erfahrungen. Der Regisseur, der gerade knapp bei Kasse war, überließ ihm als Entgelt eine Kamera.

Diese Kamera sollte zur Eintrittskarte beim Öffentlich-Rechtlichen Rundfunk werden. Unter dem damaligen ORF-Generalintendanten Gerd Bacher nahm die Bundesländerberichterstattung ihren Anfang, die Lokalredaktionen wurden aufgebaut. „Ich bin zur richtigen Zeit am richtigen Ort gewesen." Ob er auch Reportagen machen könne, wurde er gefragt. „Sowieso", lautete die Antwort. „Ich erinnere mich noch gut an meine erste, die Eröffnung des Glungezer-Sesselliftes."

Von 1968 an arbeitete Christian Berger als ständiger freier Mitarbeiter für die Landesstudios Tirol und Vorarlberg. Mehr als 3000 Reportagen sind in den folgenden elf Jahren entstanden. „Das war für mich eine ganz tolle Lehrzeit. Unsere Berichterstattung umfasste ja nicht nur brennende Tankwägen, Lawinen oder Blumencorso, es war ja auch Journalismus dabei und ich habe gelernt, wie es in einem Land so rennt. Wer wen anrufen muss, damit etwas passiert. Das Scharfstellen und die richtige Blende waren mein Geschäft, das andere habe ich so nebenbei aufgeschnappt."[25]

Bald schon sollte er gemeinsam mit dem Journalisten und ORF-Redakteur Josef Kuderna eine eigene Firma, die TTV (Tirol TV), gründen. Sie hätten vom ORF und seinen Arbeitsbedingungen genug gehabt[26], schrieb Josef Kuderna 2005, damals waren sie beide 27 Jahre alt. Viel Ärger habe es um diese Firmengründung gegeben, Christian Berger habe aber bereits damals gewusst, dass ihn der Job auf Dauer nicht erfüllen würde. Die TTV bot zwei Kamerateams mit redaktioneller Betreuung in Nord- und Südtirol. Dadurch sei er für Dokumentationen freigespielt gewesen, erinnert sich der Kameramann, der sowohl mit Wolfgang Pfaundler als auch mit Bert Breit zahlreiche Auftragsproduktionen bis zu einer Stunde Spielzeit realisierte. „Damals gab es noch den Willen, vom eigenen Land zu erzählen. Für uns war das natürlich

eine tolle Gelegenheit, über den aktuellen Dienst hinaus-
zuwachen, in der Firmenstruktur und auch künstlerisch."

Schon bald sollte Christian Berger auch als Regisseur und Produzent in Erscheinung treten. Anfang der
1970er entstanden Filme, die heute Tiroler Geschichte
sind, etwa die Tourismussatire *Die Fremden kommen* oder
die 30-minütige Brauchtumsfarce *Untergang des Alpenlandes*, die über und gemeinsam mit dem Musikrevoluz-
zer Werner Pirchner (Musik und Text) gedreht wurde.
Werke, die damals für einen Skandal taugten. Das Wort
„Nestbeschmutzer" sei in einer dieser öffentlichen Diskussionen für den jungen Filmemacher erfunden worden, schreibt Josef Kuderna. 20 Jahre sollte es dauern,
bis Christian Berger vom obersten Tirol-Werber Andreas
Braun den Auftrag für offizielle Tirol-Werbefilme bekommen habe – eingesetzt wurden diese Filme nie.

Zeitgemäßes und Unzeitgemäßes

> *Filmen Sie erst mal die Berge – wenn man Berge fil-
> men kann, kann man auch Menschen filmen.* Ernst
> Lubitsch

Der *Untergang des Alpenlandes*, ein Filmporträt des
Tonkünstlers Werner Pirchner, das die Wiener Jugend-
redaktion des ORF 1974 bei der TTV bestellt hatte, sollte
rasch Kultstatus erlangen. Der „Zappa aus Tirol" hatte
gerade seine neue Langspielplatte *Ein halbes Doppel-
album* veröffentlicht. „Wir haben mit einem Interview
angefangen, aber das war völlig sinnlos, das wäre für
uns beide furchtbar gewesen", erinnert sich Christian
Berger, der beim *Untergang des Alpenlandes* auch Regie führte. So entstand die Idee, die einzelnen Songs zu
verfilmen. „Es waren nur fünf Drehtage budgetiert, wir

haben den Film aber trotzdem gemacht und selber dazugezahlt. Das war damals noch möglich, ich habe einen Sondervertrag gekriegt, die Rechte gehören heute nicht nur dem ORF". Werner Pirchner spielt in dieser alpenländischen Welterzählungssatire den Tiroler Helden, der von Gott beauftragt wird, das Land rein zu halten. In schroffer Gebirgskulisse, im Almrosen-Postkartenidyll oder vor dem schamlosen Treiben des Weideviehs singt er seine Lieder. Der unselige Zeitgeist macht aber auch vor Tirol nicht halt, der Held wird für sein lästerliches Tun bestraft.

Die einzelnen Gesangsstücke – wie auf einer Perlenschnur filmisch aneinandergefädelt – werden von einer Wirtshausszene durchbrochen, eine ironisch überhöhte Reflexion dieser klamaukigen Provokation. „Der Werner war nicht so begeistert von der Idee, aber es war dramaturgisch wichtig", erinnert sich Berger. Die Verärgerung der Männer sei zum Teil echt gewesen, diese Szene „hat schon sehr viel mit der Zeit zu tun, wie man halt so geredet hat im Kaffeehaus, diese Diskussionen, die politischen Positionen und so."

Für den Dokumentarfilm *D.U.D.A!* (2013) über den 61-jährig verstorbenen Komponisten Werner Pirchner trafen sich die ehemaligen Mitstreiter wieder vor der Kamera. „Damals Tirol, das waren Alt-Nazis und Katholiken"[27], blickt Christian Berger darin auf diese Zeit zurück.

Ende der 1970er, mit Anbruch des Videozeitalters, zog sich der Filmemacher schließlich ganz aus der aktuellen Bildberichterstattung zurück. In Lans hatte er sich sein eigenes Videostudio eingerichtet – die einzige Investition, die ein „totaler Flop" gewesen sei. „Wir wollten Lokalfernsehen machen, aber es war zu früh und falsch, die Geräte waren falsch, es ist auch alles falsch weitergegangen und ich habe richtig weitergemacht."

Mit Otto Grünmandl 1980

Lois Weinberger (v.l.), Christian
Berger und Markus Heltschl
1984 in Cannes

Marika Green und Christian Berger an der Nordsee bei den Dreharbeiten zu „Hannah, Monster Liebling"

Nicht mehr als ein „hübscher Traum" blieb auch das Projekt Bürgerfernsehen, das nach britischem Vorbild entstehen sollte. „Die Idee, dass jeder mitmacht, und dann entsteht tolles Fernsehen, ist wahrscheinlich Unsinn. Mir wäre lieber, dass die Leute, die heute Fernsehen machen, es besser machen", sagt er. Der billige, schnelle Weg sei immer der falsche.

Ob sich der Traum Bürgerfernsehen nicht ohnedies mit YouTube verwirklicht habe? Der Zugang sei auf jeden Fall leichter geworden, sagt der Filmemacher: „Ich hätte gejubelt über so eine kleine Videokamera". In der „Chaossuppe" der Sozialen Medien würde aber alles untergehen, „einen intimen Wahrnehmungsraum gibt es nicht mehr."

Die Liebe zum Dokumentarfilm ist dem ebenso geduldigen wie konzentrierten Beobachter geblieben. Seit 2005 wird beim Internationalen Filmfestival Innsbruck der Christian-Berger-Dokumentarfilmpreis verliehen, der Tiroler sitzt unter anderem auch in der Jury des Innsbruck Nature Film Festivals.

Als Gestalter sorgte er selbst Ende der 1990er-Jahre mit *Ethnische Idyllen* für Gesprächsstoff, ein dokumentarisches Projekt, das er unmittelbar nach Kriegsende zwischen 1995 und 1997 in Kroatien drehte.[28] Diese „Skizzen aus einem Nachkriegsland" entstanden aus dem Recherchematerial für ein nie realisiertes Spielfilmprojekt. Montiert als Doppelprojektion ist es ein Versuch, mit dokumentarischen Mitteln neue Erzählformen zu finden.

Verräter und Rebell

Es gibt eine Intimsphäre für Menschen, (...) aber es gibt sie auch für Landschaften, wo diese liegt, muss jeder für sich herausfinden. Für alle gilt: überschrei-

tet man diese Grenze, wird sich der Geist oder die Seele der Bilder zurückziehen – verbergen und es werden nur Hülsen bleiben.[29] Christian Berger

Spotlight auf das Jahr 1984, Filmfestspiele in Cannes: Drei Männer im Smoking posieren für ein Foto. Ganz weltmännisch der Bildhauer und Künstler Lois Weinberger, eine Hand in der Hosentasche, in der anderen eine Zigarette. In der Mitte der Produzent, Regisseur, Autor und Kameramann Christian Berger, seine Hände begegnen sich unterhalb des Brustkorbs, eine beiläufige, doch entschlossene Geste: Job erledigt. Einen kleinen Schritt weiter rechts der Autor Markus Heltschl, mit verschränkten Händen und der angespannten Aufmerksamkeit eines Bodyguards. Das Trio aus der Provinz ist im Herzen der europäischen Kinowelt angekommen – das Schwarz-Weiß-Foto eine Einladung, um Filmreferenzen zu suchen?

Raffl, Christian Bergers erster Langfilm, wurde unter anderem mit dem Österreichischen Staatspreis für Filmkunst ausgezeichnet. „Dieses Regiedebüt überzeugt durch den Eigensinn seines Themas, die Sorgfalt seiner Bild- und Tonsprache sowie der durchgehaltenen Strenge der Erzählweise. *Raffl* hat eine karge, stille Schönheit", urteilte die Jury des Max-Ophüls-Preises, den der Film 1985 gewann. Das Debüt, ein berufliches „Sprungbrett" für Christian Berger: „Ich hätte mir nie erwartet, dass diese Beachtung stattfindet. Aber wir haben uns sehr ehrlich bemüht, mit allem, was wir hatten oder konnten. Es hat ja von allem nur sehr wenig gegeben und es hat sich ausgezahlt. Die Konzentration und die Zuwendung sind sehr wichtig."

Mit *Raffl*, ein „Anti-Heimatfilm", ist ein Tiroler Klassiker gelungen, ein Film, der einen so klaren und unverstellten Blick auf das Land und seine Geschichte wirft, dass sich darin die Gegenwart spiegelt und die halbe Welt entdecken lässt. „Je genauer du die Sachen vor deiner Haustüre beobachtest, umso internationaler funktionieren sie"[30], sagt Christian Berger, „egal ob wir in Kairo waren, in Moskau, in den Staaten oder in Israel, wo sie gesagt haben, das beschreibt das Verhältnis zwischen Israelis und Palästinensern."

Christian Berger war damals der einzige Produzent in Tirol, ein Land, das der Autor und Regisseur Markus Heltschl als filmkulturelles Ödland beschreibt[31]: eine konservative Hochburg, in der die Stimmung von einem frömmelnden Katholizismus, bauernschlauem Provinzialismus, kulturfeindlichem Sportenthusiasmus und allgemeiner Humorlosigkeit geprägt gewesen sei.

Sie hätten an einem gewissen Heimatleid gelitten[32], eine Energie, die den Film zu dem gemacht habe, was er ist, und nicht zu dem Drehbuch, das es war, erzählt Christian Berger.

Die Idee zu *Raffl* stammt von Friedrich Christof Schmidt, der einen Alpenwestern – wie ihn erst Jahrzehnte später Regisseur Andreas Prohaska mit dem *Finsteren Tal* realisieren sollte – vor Augen hatte. Markus Heltschl, der gemeinsam mit Christian Berger das Buch schrieb, habe die Geschichte um den Tiroler Verräter jedoch eingehender betrachtet. „Der Raffl ist eine tolle Figur, der absolut machtlose Mensch zwischen den Fronten", schwärmt Berger.

Lois Weinberger, ein Schauspiellaie, verkörpert den verschuldeten Bergbauern mit einer überwältigenden physischen Präsenz. Ein armer Teufl, im Dorf verhöhnt und verlacht, weil er nicht unter Andreas Hofer gegen die Franzosen und die Aufklärung kämpfte. Zuhause warten eine psychisch kranke Ehefrau und eine Ziehtochter, der er nachstellt. Im Halbdunkel des tristen Gehöfts, das Schutz vor einer gleichgültigen, erhabenen Natur bietet, gären unterdrückte sexuelle Begierden, Sehnsüchte und die resignative Wut eines Mannes, der auf der Schattenseite des Lebens steht. Es ist nicht allein die verführerisch hohe Belohnung (die er freilich nie erhalten wird), die zum Verrat führt. Raffl glaubt, weiteres Blutvergießen verhindern zu können, wenn er Hofers Aufenthaltsort preisgibt. Es sei ein Beitrag für den Frieden, so hat ihm das der Pfarrer (Dietmar Schönherr) gesagt. Als Verräter wird er schließlich zum unfreiwilligen Rebellen, aus der Heimat vertrieben, in der Fremde ein Fremder.

Lois Weinberger, Markus Heltschl und er selbst, ein jeder von ihnen sei ein „Riesenglück" für diesen Film gewesen, sagt Christian Berger. Überwältigend ist auch die museal anmutende, strenge Bildsprache, in der sich dieses Drama entfaltet.

Die wenigen Worte, die gewechselt werden, sind nachrangig. Der Kameramann hat konzentrierte Bild-Metaphern geschaffen, Bilder, die über einen langen Zeitraum gereift sind: „Das hat auch damit zu tun, dass ich zu diesem Zeitpunkt bereits 14 Jahre lang aktuellen Dienst und Dokumentationen gemacht habe", sagt Christian Berger. An „diesen journalistischen Sachen" könne man zugrunde gehen, wenn man das aber nicht tue, dann sei es „eine tolle Aussichtsterrasse, ein Panoramablick über eine Gesellschaft. Man bekomme einen Einblick in die Dinge oder in Zusammenhänge, den man sonst nicht hätte.

In *Raffl* wurde mit Tiroler Helden-Klischees aufgeräumt, Andreas Hofer wird als eine Art „katholischer Ayatollah" dargestellt. Der urbanen Sehnsucht nach einem einfachen, ursprünglichen Leben wurde eine realistischere Beschreibung der Verhältnisse entgegengesetzt. „Das sind ja alles Lügen, wenn man rückblickend was verklärt: die Gemütlichkeit der Bauern und der Dialekt, ‚mei, war des nett'. Das war nie nett! Es war alles immer pure Not. Ich finde, wir leben momentan in der besten aller Zeiten, trotz aller Krisen und all der Gewalt, die es gibt. Unsere Zivilisation hat etwas geschaffen. Ich sehe eher die Abstumpfung als Problem", sagt Christian Berger.

Die Heimat und das Fremde, das Natürliche und das Künstliche, mit diesen Gegensätzen sollte sich der Autor, Regisseur und Kameramann auch in seinen beiden weiteren Spielfilmarbeiten, *Hanna Monster, Liebling* und *Mautplatz*, befassen. „Ich und Es, das ist schon ein prägendes Thema. Auch die Frage, was ist Natur? Natur ist ja die ignoranteste Größe, zumindest gemessen an unserem Ego. Die Frage, wo stehe ich in so einem Zusammenhang? Das finde ich spannend. Und das vermisse ich auch sehr in all diesen Hypes. Natur ist einfach da."

Filmische Liebeserklärung

> *Die Erfahrung zeigt, dass gegen alle Erwartung natürliche Farben, wie sie von der Kamera registriert werden, dahin tendieren, die realistischen Effekte, deren Schwarz-Weiß-Filme fähig sind, nicht so sehr zu verstärken als vielmehr abzuschwächen*[33]. Siegfried Kracauer

Vier Jahre nach *Raffl* folgt *Hanna Monster, Liebling*, die zweite Kinoarbeit des Autorenfilmers. „Eine Liebeserklärung"[34] an seine Frau – auch wenn er das, wie er sagt, erst später realisieren sollte. Marika Green spielt die hochschwangere Hanna, die mit ihrem Mann Leo in ländlicher Idylle lebt. Bei der Geburt gibt es Komplikationen, sie bringt ein undefinierbares Etwas zur Welt, ein Monster, das die Ärzte vor ihr zu verbergen suchen. Hanna, die sich in ihrer Verzweiflung zunächst umbringen will, flüchtet aus der Klinik und aus ihrer Beziehung. Sie macht sich auf die Reise, quer durch Deutschland, vorbei an Kulturlandschaften und Kreaturen, denen nur noch wenig Ursprüngliches anzuhaften scheint. Am Meer angelangt, schifft sich Hanna nach Island ein. Sie ist auf der Suche nach dem Vater des Kindes, auf der Suche nach ihrer eigenen Identität. Der surreale Film mit Anleihen aus dem Horrorfilm ist in Schwarzweiß gedreht, kein moderner Look wie bei *Das weiße Band*, Christian Berger verfolgte eine gegenteilige Absicht: Das Geschehen soll von der Gegenwart entkoppelt werden. *Hanna Monster, Liebling* ist ein ökologischer Film, sagt er. „Das Thema drang damals langsam ins Bewusstsein der Öffentlichkeit. Ich wollte eine Distanz reinbringen, weil vom Heute erzählen ist immer schwierig. Es sollte von der Textur her ein altes Schwarz-Weiß sein, als ob es in den 1930er-Jahren spielen würde, nicht als Zitat, sondern um das Lebensgefühl auseinanderzuhalten."

Die lange Vorlaufzeit des Films habe auch mit den Schwierigkeiten beim Drehbuchschreiben zu tun. „Ich wollte eigentlich selber nie schreiben, ich bin ja kein Autor und ich habe lange mit dem Michael Köhlmeier daran gearbeitet. Aber es hat nicht funktioniert, das lag an mir, nicht an ihm. Ich wollte nicht in sein Handwerk pfuschen, aber es ist nie das geworden, was ich im Sinn hatte."

Sein Film solle sich um das „Unsichtbare kümmern[35]", notierte er in seinen Filmskizzen während der Arbeit am Buch 1987. Ein Zitat von Paul Virilio aus *Krieg und Kino* ist dem Gedanken vorangestellt. „... Das Sichtbare ist schon verloren ... was beleuchtet ist, ist entdeckt ...".

Für die Figur der Hanna hat die Tänzerin Marika Green ein ganz eigenes Bewegungsspektrum entwickelt: „Die Schwierigkeit war, dass es kein Tanz ist, die Bewegungen aber doch stilisierter sind als normal. Wir haben

Übungen am Strand gemacht, um herauszufinden, wie sich diese Hanna bewegt", erläutert ihr Mann.

Das führte zu einem der „ungewöhnlichsten Überfälle der Filmgeschichte", wie Felix Mitterer im Zeitzeugengespräch anmerkte. Hanna entwendet die Tageslosung eines Supermarktes, um Geld für ihre Reise zu haben. „Das Kino und das Fernsehen ist voll von Waffen, jeder hat eine Gun in der Hand, als ob es das Selbstverständlichste der Welt wäre. Mein Hauptanliegen war es, einen Film ohne Waffen zu machen", sagt Christian Berger. Als Mann verkleidet betritt Hanna das Büro des Supermarktes. Während die Angestellten noch glauben, sie habe sich verirrt, macht sie eine Pirouette, springt auf den Tisch und mit ihrer Drehung ist auch die Tageslosung weg. „Das gefällt mir heute noch", lacht er.

Trotz der spielerischen Leichtigkeit dieser Szene, *Hanna Monster, Liebling* sollte eine schwierige Produktion[36] werden, wie sich Filmproduzent Danny Krausz erinnert. Der Wiener war in letzter Sekunde eingesprungen. „Worauf habe ich mich da eingelassen?", fragte sich der eilends angereiste Freiberufler: „Ein Autorenfilmer, der selbst produziert, die Kamera führt und seine mit leuchtender Strahlkraft ausgestattete schauspielende Frau auch noch als Hauptdarstellerin einsetzt."

Die anfänglichen Bedenken zerstreuten sich rasch, nicht zuletzt dank Christian Bergers „ruhender Ausstrahlung". Der Dreh sei eine Erfahrung, die Krausz nicht missen möchte. Ihm sei dabei ein Mensch begegnet, wie es nur wenige in dem Land gebe, einer, der bis zum heutigen Tag eine künstlerische und charakterliche Festung für ihn bedeute.

Hanna Monster, Liebling sollte Christian Berger indessen noch lange beschäftigen. Im Mai 1989 berichtet er in seinen Filmskizzen von immer „wirreren Träumen[37], kürzeren Nächten, das Herz schlägt nur selten normal –

Angst. Vor einem Jahr dieser irrsinnige Dreh, dieser eskalierende Krieg Film – nur um ein einfaches, tiefes Gefühl manifest zu machen, der Flüchtigkeit zu entreißen und es nach außen zu kehren. Letzten Sommer diese 12.000 Kilometer auf Deutschlands Autobahnen mit frei liegenden Nervenenden und jetzt Punta Kriza und dieser Geruch und vor allem diese Akustik dieser Insel. Schon wieder eine schrille Idylle? Das auch Hysterie?"

Ein Jahr später, wieder in Punta Kriza in Kroatien, folgt der nächste Eintrag. Mit *Hanna*, der 1989 als österreichischer Beitrag bei den Filmfestspielen von Venedig gezeigt wurde, ist Christian Berger zu diesem Zeitpunkt bereits um die halbe Welt gereist. „Inzwischen klar – nur medizinisch, mein ich – warum das Herz vor einem Jahr gerast, Krankheit und Spital."

Erst 1995 kann er den Film, der von der heimischen Kritik „ignoriert" wurde, zum ersten Mal „ohne Schweiß und in Ruhe" laufen lassen, „auch weil ein sehr gutes Kino Bild und Ton wirken ließ."

In diesem Jahr wird Marika Green mit dem nachfolgenden Spielfilmprojekt *Mautplatz*[38], in dem sie mehrere Nebenrollen spielt, nach Cannes, Rennes und Paris reisen und versuchen, den Film – vom ORF mitfinanziert, bis heute aber nicht ausgestrahlt – zu verkaufen. Sie müsse viel schlucken, und es falle ihr sicher nicht leicht, aber sie klage nie darüber, schreibt Christian Berger und – im gleichen Eintrag: „Am Samstag heiraten wir – nur auf dem Papier –, aber wir wissen beide, dass es trotz allem mehr ist (...) Ich bin nur bedrückt, dass gerade jetzt das Herz nicht mehr will (...) und es schmerzt mich, dass unsere Ehe mit der Belastung der Operation beginnen muss. (...) Meine geliebte Frau, mit der ich – ich hab ernsthaft nachgedacht und geprüft, nicht einen Tag unglücklich war, seit über 13 Jahren! Aus vielen glücklichen Tagen sind plötzlich schnelle, gute Jahre geworden."

1981 beim Dreh zum Fernsehzweiteiler *Der Weg ins Freie* (Regie: Karin Brandauer, Kamera: Christian Berger) hatten sich die beiden kennengelernt. Klaus Maria Brandauer hatte sie bekannt gemacht.

Heimat und Heimatleid

Das erste Werk, so heißt es, handelt vom Ich, das zweite von der Ferne, das dritte vom Ich im Verhältnis zur Ferne. Was über Popalben gesagt wird, gilt in gewisser Weise auch für die Spielfilme von Christian Berger, wenn man das Ich durch Heimat ersetzt. In *Mautplatz*, seinem dritten und letzten abendfüllenden Projekt – wieder als Produzent, Autor (gemeinsam mit Werner Sallmaier), Regisseur und Kameramann – erzählt er die Geschichte eines jungen Mannes, der als Kassier für die Autobahngesellschaft arbeitet. Der Film sei im Rahmen eines Drehbuchseminars entstanden, eine Übungsidee „aus dem Repertoire der ORF-Zeit kommend."

Mautplatz ist ein Film über eine kleine, unbedeutende Schleuse im unaufhaltsamen Strom des Personen- und Schwerverkehrs. Die Geschwindigkeit, laut Paul Virilio das verhängnisvollste Phänomen des 20. Jahrhunderts, da sie den Raum vernichte und die Zeit verdichte, wird hier für Sekunden abgebremst. Georg (gespielt von Markus Hering) will Karriere machen und träumt von der großen weiten Welt, die täglich an ihm vorüberzieht. Seine Eltern, einst stolze Bauern, die nun im Schatten der Autobahnbrücke leben, können den Verlust ihrer Lebensweise nicht verkraften.

Es gehe weder darum, eine Nostalgie des Alten gegen das Neue zu entfachen, noch darum, das Provinzielle und Enge dem Gelächter der imaginären Welt draußen preiszugeben[39], schreibt der Filmkritiker Georg Seeßlen. *Mautplatz* handle von der Tragikomödie des Übergangs, „eines

Überganges freilich, der offenbar kein kulturhistorisches Ereignis mehr ist, sondern ein Zustand wird, in dem es kein erkennbares Vorher und Danach gibt, sondern nur das Zähe, Unentwirrbare des Alten und des Neuen".

Mit dem Film hätten sich alle schwergetan, auch die Grünen, sagt Christian Berger mehr als zwanzig Jahre später, *Mautplatz* habe Widerhaken, das gefalle ihm.

Sein Heimatleid habe sich indes auf Europa übertragen. „Mir ist es nie um links oder rechts gegangen, sondern um Barbarei oder Nichtbarbarei. Ich glaube, dass das tauglichere Kategorien sind als die politischen, die sich ständig ändern, die immer wieder in Fundamentalismen und Dogmen zurückfallen, und beides finde ich zum Kotzen. Vor kurzem hab ich einen super Satz gehört. ‚Heimat erkennt man erst, wenn man sofort weiß, wer der Fremde ist'. Wir sind offenbar als Menschen nicht in der Lage, das vernünftiger, intelligenter und herzlicher zu gestalten – wieder einmal. Und das, meine ich, hat mit Leid zu tun und das erfahrt man zuerst im kleinsten Rahmen, daheim vor der eigenen Haustür und das hat sich nicht verändert, nur der Maßstab."

Als 1994 sein dritter Spielfilm in die Kinos gekommen ist, hatte Christian Berger bereits zwei Filme mit Michael Haneke (*Benny's Video* und *71 Fragmente einer Chronologie des Zufalls*) realisiert.

Wie ist es für einen Autorenfilmer, für einen anderen Autorenfilmer zu arbeiten? Diese Frage werde ihm dauernd gestellt, „aber es war ja nie nur Kamera", sagt Christian Berger. Sein Beruf – auf Englisch treffender als „Director of Photography" bezeichnet – ist der eines künstlerischen Bildgestalters, der nicht einfach nur draufhält, sondern für Lichtführung, Bildkomposition, Kamerabewegung und Einstellungsgröße verantwortlich zeichnet. Christian Berger will mit seinen Bildern das Entdecken ermöglichen.

Seit *Mautplatz* habe er kein Bedürfnis mehr verspürt, selbst Filme zu drehen. „Hauptgrund ist, dass ich dem Bild viel näher bin, ich im Idealfall also Vorstellungen von einem Film habe, der völlig frei von Literatur oder Musik ist. Das gibt es nicht wirklich, da habe ich mit schreibenden Kollegen auch schon gut gestritten: Was kann nur das Bild, was kann nur der Text? Da gibt es diese beiden Bereiche, das ist ein alter Hut. Ich gehöre einfach mehr zum Bild. Und das Bild ist immer vieldeutiger, muss es sein, es kann nie so eindeutig sein wie ein Text und diese Eindeutigkeit geht für mich schnell in Propaganda über." Die Entscheidung, selbst nicht mehr Regie zu führen, sei freilich auch eine Frage von Lebenszeit. „Ich will auch gerne mit meiner Frau aufs Meer. Und dann diese Wiederholungskämpfe, die ich ja alle auswendig kenne, was das an Energie kostet, ein Projekt durchzusetzen. Da fühle ich mich auch zu alt im guten Sinn. Außerdem habe ich so viele Herausforderungen in meinem unmittelbaren Beruf, der Kamera. Mit dem Licht, das geht so und so übergreifend in alle Richtungen, ich bin in einer total privilegierten Situation."

Ende der 1990er-Jahre war Christian Berger in eine berufliche Krise geschlittert, er wollte alles an den Nagel hängen, nur noch Professor sein. Ab Mitte der Neunzigerjahre leitete er an der Filmakademie Wien die Klasse für Bildtechnik und Kamera. An Spielfilmen habe er nur noch das Budget abgelesen. „Und dann war da die Begegnung mit Christian Bartenbach. Und das ist ein Optimist wie eine Wildsau und das hat mich gerettet. Inzwischen hatte ich ja gelernt, was Licht im Film bedeutet. Ich meine das nicht pathetisch, aber ich habe gewusst: So kann ich weitermachen. Das war für mich ein unglaublicher Schub und so konnte ich auch das Lichtsystem entwickeln."

Bei den Dreharbeiten zu „By the
Sea" mit Angelina Jolie

Mit Michael Haneke beim Dreh
zum Film „Das Weiße Band"

Mit Juliette Binoche am Set von „Disengagement" von Amos Gitai
2007

Der Filmmaler als Revolutionär

Das Licht ist mir immer ein Rätsel geblieben. Christian Berger

Die „Lichtumlenkungsgrundidee", auf der das Cine Reflect Lighting System (CRLS) basiert, stammt von Christian Bartenbach. In seinen Lichtplanungen geht der Pionier im Einklang mit der Architektur individuell auf die Nutzung der Räume ein. Räume, die Christian Berger mit ihrer „Klarheit und Brillanz" beeindruckten. „Bartenbach hat seine Art, Licht zu sehen, philosophisch, religiös." Er habe sich gefragt, ob sein System nicht auch im dramaturgischen Sinn beziehungsweise im künstlerischen Erzählen eingesetzt werden könne. CRLS sei im Prinzip ganz einfach, „nichts anderes als eine abgeleitete Naturbeobachtung, das haben alle Maler gemacht und ich auch", sagt der Kameramann.

Was Licht genau sei, sei ja nach wie vor ein Geheimnis. Physikalisch ist es sowohl Welle als auch Teilchen. All diese Gedanken hätten ihn beflügelt. „Und heute unterhalten wir uns über den Einfluss von Licht auf Befindlichkeiten, auf Emotionen", freut sich Christian Berger, der auch Mitglied der Gründungsgruppe der Lichtakademie Bartenbach (seit 2001) ist.

Das Wesen einer Filmfigur kann alleine dadurch symbolisiert werden, wie das Licht das Gesicht in einer Nahaufnahme modelliert – besser noch, als dies die Mimik eines Schauspielers zu tun vermöchte. Bereits in *Raffl* sei Christian Bergers Sehnsucht nach einem neuen, unkonventionellen Licht spürbar gewesen[40], schreibt Markus Heltschl. Im Gegensatz zu anderen Kameramännern, die Schauspieler mit hunderten Lampen bombardierten, habe er sich um Reduktion und Bescheidenheit bemüht. Dafür hat der Sohn eines Kunstmalers, der „immer von

Bildern umgeben war", das Licht zu allen Tages- und Jahreszeiten studiert. Eingehend betrachtet hat er auch die Werke der holländischen Meister, Künstler, mit denen er gerne verglichen wird. Christian Berger „erscheint mir wie ein Maler aus flämischer Zeit, gleichzeitig wie ein ruhestrahlendes Porträt von Frans Hals"[41], schrieb Regisseur Luc Bondy zum 60. Geburtstag des Bildgestalters.

Vom Filmmaler schwärmt auch Isabelle Huppert, die in *Die Klavierspielerin* (2001) die Rolle der Klavierlehrerin Erika Kohut spielt. Manche Einstellungen erinnerten sie an Gemälde des großen dänischen Malers Hammershøi [42]: „Es gibt sie nicht oft, die sich für ein Gesicht interessieren, die es modellieren können aus Licht und Schatten, um es wie eine Landschaft aufzunehmen, Christian Berger gehört zu diesen wenigen", so der Filmstar.

In der *Klavierspielerin* setzte der Kameramann erstmals das CRLS-Beleuchtungssystem ein. „Ich habe es hineingeschwindelt", sagt er. Michael Haneke sei nervös geworden, als er die Prototypen getestet habe: In seinem Film gebe es keine Experimente. Doch die ersten Aufnahmen vom umwerfend schönen und fragilen Gesicht Isabelle Hupperts dürften ihn überzeugt haben. Das CRLS-System[43] schafft ein sehr weiches, subtiles Licht, es erlaube „das Licht sehr viel feiner zu modulieren, viel subtiler, wie ein Maler, der mit seinem Pinsel arbeitet". Auch aufwändige Effekte ließen sich mit nur wenigen Handgriffen erzeugen, sagt Christian Berger.

CRLS besteht aus einem speziell konstruierten Scheinwerfer und einem Set von Reflektoren aus dem Lichtlabor Bartenbach, Reflektoren in verschiedenen Größen, mit lichttechnisch unterschiedlichen, sorgfältig berechneten Eigenschaften. Die Lichtverteilung und die Modulation werden durch die verschiedenen Oberflächenstrukturierungen definiert. Um den „bestmöglichen Wirkungsgrad in neuer Qualität" zu erzielen, bedarf es laut seinem Entwickler paralleler Lichtstrahlen – so wie das Licht der Sonne auf die Erde trifft.

Schauspielern und Regisseuren ermöglicht das Beleuchtungs-System indes eine ungekannte Bewegungsfreiheit am Set. Wo normalerweise unzählige Lampen und Stative den Spielraum einengen, das Set aufheizen und die Akteure blenden, erlaubt es eine konzentrierte, intime Arbeitsweise.

„Beim Dreh sitzt ein Darsteller normalerweise in einem Berg von sogenannter Technik, da sind zehn Scheinwerfer, die haben je zehn Kilowatt und am Schluss habe ich aber nur 1000 Watt am Set. Denn um das Licht zu modulieren, muss wieder künstlich Schatten gemacht werden, Fahnen müssen reingestellt werden, also lauter Vernichtung von Energie. Man fängt mit einem Grundfehler an und korrigiert mit weiteren Fehlern, kein guter Weg", erklärt Christian Berger. Eine Tradition, die aus einer technischen Not entstanden sei. „Jetzt haben wir endlich nicht mehr die Notwendigkeit, hell zu machen, jetzt kann mit Licht gestaltet werden, das ist ein Riesenunterschied".

Das CRLS-System befinde sich derzeit in einer neuen Phase. „Lichttechnisch ist es prinzipiell sehr klar, aber der Teufel liegt in vielen Details und die kann man immer wieder verbessern. Das tue ich ja nicht selbst, ich kann nur sagen, was mir nicht passt und in welche Richtung es gehen sollte, dann gibt es Veränderungen in diesen Materialien."

Durch seinen letzten Film habe das System noch einmal eine Steigerung erfahren. Hollywoodstar Angelina Jolie hat für ihre dritte Regiearbeit *By the Sea* den Tiroler als Director of Photography engagiert, gedreht wurde in Malta: „Das war ein Riesenstudio, plus ein Riesen-Originalset in einem, das Hotel und das Kaffeehaus, die beide extra gebaut wurden."

In dem Drama spielt Jolie gemeinsam mit ihrem Gatten Brad Pitt ein frustriertes US-Ehepaar auf Urlaub in Südfrankreich. „Die beiden haben für mich Werbung betrieben, dass ich fast rot geworden bin. Das von so einem Paar zu hören, ist ja nicht ohne."

Hollywood calling

Die Traumfabrik Hollywood sei nie ein Ziel gewesen, sagt Christian Berger. Als Angelina Jolie angefragt habe, dachte er, „eh schon wurscht." Lustig sei die Geschichte aber schon gewesen: „Marika, die ja meine Managerin ist, bekam einen Anruf von einem Agenten aus Los Angeles. Er wollte aber nicht verraten, in wessen Auftrag er handelt. Eines Tages ruft dann Angelina Jolie persönlich an und sagt: ‚Ich würde gerne mit Ihnen arbeiten', und ich habe gesagt: ‚Ja, und ich bin der Kaiser von China'."

Hollywood-calling, das sei ja ein alter Schmäh gewesen: „Freundliche Kollegen haben das schon versucht". Dieses Mal war es freilich kein Scherz. Mit einem Stab von 25 Leuten reiste Christian Berger nach Malta, wo der Film aus produktionstechnischen Gründen gedreht wurde. Das Psychodrama, das eigentlich in Südfrankreich spielt, handelt von einem Paar, das mit einem traumatischen Erlebnis zu kämpfen hat. Im Film, der teilweise als klaustrophobisches Kammerspiel inszeniert ist, scheint sich nur die Kamera ganz sacht zu bewegen, die Beziehung stagniert. *By the Sea* wurde – abgesehen von Christian Bergers Cinematographie – verrissen. „Zum Teil auch unfair", wie der Kameramann findet. Es sei interessant gewesen, dass die beiden Stars das „Risiko voll in Kauf genommen haben, ihre Marke zu verlassen." So etwas werde zumeist bitter bestraft: „Ich verteidige Angelina Jolie auch, weil sie unglaublich integer ist und das kein Eitelkeitsprojekt war, was ihr ja oft unterstellt wurde."

Sie habe künstlerisch ernsthaft gesucht und Förderungen ausgeschlagen, um niemandem etwas wegzunehmen, „das ist ja alles hochanständig."

Die Zusammenarbeit sei toll gewesen, „diese Spiellust, die beide hatten, das war ein Erlebnis. Und auch solche Produktionsstrukturen kennenzulernen, die von einer Professionalität waren, die ich hier nicht finde – und ich meine nicht das Budget."

Was die Ästhetik des Films anbelangt, hätten sich die beiden Superstars mit dem österreichischen Kameramann über die gemeinsame Liebe zur „Nouvelle Vague" verständigt.

Reflexionen über Kunst und Lehre

Im Laufe seiner langen Karriere hat Christian Berger mit vielen prominenten Regisseuren gearbeitet, unter ihnen Luc Bondy, Wolfgang Glück, Stephen Gaghan, Peter Sehr, Marie Noëlle, János Szász und Virgil Widrich. Was für ihn die beste Form der Zusammenarbeit sei, könne er nicht sagen. „Bei Michael Haneke ist es genauso fruchtbar wie bei Amos Gitai oder vielleicht sogar bei Angelina Jolie – mit völlig anderen Voraussetzungen. Ich habe auch mit interessanten Leuten Fernsehspiele gemacht, die man nicht so kennt. Ich glaube, das wichtigste Kriterium ist die Hingabe, die man braucht und die möglich sein muss. Da geht es nicht nur ums Geld, sondern um was Atmosphärisches."

Stets hat Christian Berger auch versucht, seine Erfahrungen und Erkenntnisse weiterzugeben. Bereits in den 1980er-Jahren unterstützte er mit seiner Produktionsfirma TTV junge Filmemacher. Von 1995 bis 2010 führte er an der Filmakademie Wien die Klasse für Bildtechnik und Kamera, zudem lehrte er an der Escuela Internacional de Cine y Televisión in Kuba, an der École nationale supérieure FEMIS in Paris, der HFF-Filmschule Potsdam, in Babelsberg, Berlin und der Zelig in Bozen. Dabei gebe es nur sehr wenige Studenten, die er „wirklich mag", sagt er.

Die Begegnungen seien dennoch sehr interessant. „Diese Konfrontationen oder Wege, die man gemeinsam sucht, die sind im künstlerischen Bereich noch einmal toller."

Seine Lehrveranstaltungen sind legendär. „Lichtsegeln in Kroatien, Bildassoziationen mit Bach, Sonnenaufgänge und Sonnenuntergänge messen und beobachten, Berger/Bartenbach-Lichtsysteme erfahren, die alten Meister erforschen, Film über den Wind begreifen"[44], schreibt etwa die Tiroler Kamerafrau Eva Testor[45]. Zehn Jahre lang hat sie bei Christian Berger studiert, ein „ungewöhnlicher Lehrer, bei dem man nichts lernt, aber der einen alles lehrt (oder auch umgekehrt)".

2015 hat sie das Filmporträt *Lichttage, Lichtnächte* über ihn gestaltet, das sich weniger für das Biografische interessiert als für Bergers künstlerische Auseinandersetzung mit dem Licht, seine Reflexionen über Kunst und die Lehre. „Nur wer sucht, kann etwas vermittelt bekommen", erklärt der Professor in dem Film. Eva Testor hatte ihn für das Künstlerporträt auf seine alljährliche Studienexkursion nach Kroatien begleitet. Eine Veranstaltung, die für sie selbst sehr wichtig gewesen sei[46]. „Christian Bergers Vorträge über Goethe und die Farbenlehre – man würde sich wünschen, dass das alle, die in diesem Gebiet arbeiten, erfahren können", sagt sie.

Diese Ausführungen mögen einem kleinen Kreis an Studierenden vorbehalten bleiben, in seinen Werken lässt sich das Resultat der tiefgründigen Reflexionen nicht nur betrachten, sondern auch erleben. Vom Zuschauer erwartet sich Christian Berger nur eines: „Ich will mich mit ihm treffen. Ohne Sehnsucht nach Berührung hat es keinen Sinn, und wenn die Berührung nie stattfinden würde, wäre es auch blöd." Diese Treffen können auch beim wiederholten Male überraschen. In seinen filmischen Arbeiten gibt Christian Berger dem Zuschauer viel Freiraum zu entdecken.

Anmerkungen

1 Die Lampen sind vom Prinzip her ähnlich jenen, die Christian Berger am Filmset benutzt.

2 Zeitzeugengespräch.

3 1894 hat Mia Green ihr eigenes Studio aufgemacht, „der Beruf galt für eine Frau als unanständig, wir haben sogar eine Bemerkung im Gemeindebuch über sie gefunden: „Fährt Fahrrad", erzählte Christian Berger beim Zeitzeugengespräch. In und um ihre norwegische Heimatstadt Haparanda hat sie unter anderem auch die Vorbereitungen zum Ersten Weltkrieg dokumentiert. Selbst auf den Schlachtfeldern sollte sie fotografieren.

4 Weltberühmte Weimarer Hochschule für Gestaltung.

5 „Er fotografierte Maler, er fotografierte Schriftsteller, nur keine Sportler, die waren alle in Tirol", scherzte Christian Berger im Zeitzeugengespräch.

6 Groschup, H. (Hrsg.). (2005). Christian Berger. Bildnomade. Innsbruck, Wien, Bozen: Studienverlag, S. 10.

7 Zeitzeugengespräch.

8 Aus dem Dokumentarfilm Michael Haneke. Porträt eines Film-Handwerkers.

Ein Witz, von Jean-Louis Trintignant, Hauptdarsteller seines Oscar-gekrönten Dramas Liebe (2012). „Nur er hat Spaß, die anderen nicht. Wir haben Angst und sind sehr angespannt", sagte der französische Filmstar in dem Künstlerporträt.

9 2,5 Millionen Besucher laut Wikipedia, insbesondere in Frankreich. Abgerufen am 5. Mai 2016, https://de.wikipedia.org/wiki/Die_Klavierspielerin_(Film).

10 Lexikon des Internationalen Films, Wikipedia.

11 Groschup, 2005, S. 35.

12 Groschup, 2005, S. 36.

13 Zeitzeugengespräch. Auch Felix Mitterer „hält das kaum aus".

14 Gerhard Hroß (2002). Die Funktion von Gewalt im Film, 2002, S. 145.

15 Franz Grabner (Hrsg.). (1991, 2004). Der siebente Kontinent, Stefan Grissemann, Michael Omasta: „Herr Haneke, wo bleibt das Positive?", Wien, Zürich.

16 Aus dem Dokumentarfilm Michael Haneke. Porträt eines Film-Handwerkers, TV-Dokumentation, Österreich/Frankreich 2013.

17 Ein Gespräch mit Christian Berger http://www.austrianfilms.com/news/ein_gespraech_mit_christian_berger, abgerufen am 30. 5. 2016.

18 Ein Gespräch mit Christian Berger http://www.austrianfilms.com/news/ein_gespraech_mit_christian_berger, abgerufen am 30. 5. 2016.

19 Groschup, 2005, Filmsplitter.

20 Texte zur Theorie des Films, Reclam 185.

21 Lichttage, Lichtnächte, Dokumentarfilm, Eva Testor, 2015.

22 Groschup, 2005.

23 Zeitzeugengespräch.

24 Groschup, 2005.

25 Zeitzeugengespräch.

26 Groschup, 2005, S. 103.

27 D.U.D.A! Werner Pirchner, Dokumentarfilm, 2014.

28 Der begeisterte Segler hat auf Mali Losinj, Kroatien, einen Zweitwohnsitz.

29 Groschup, 2005, S. 74.

30 Zeitzeugengespräch.

31 Groschup, 2005, S. 17.

32 Zeitzeugengespräch.

33 http://gams.uni-graz.at/archive/get/o:reko.krac.1960/sdef:TEI/get, abgerufen am 1. 6. 20016.

34 Zeitzeugengespräch.

35 Groschup, 2005, S. 31.

36 Groschup, 2005, S. 101–102.

37 Groschup, 2005, S. 33.

38 Groschup, 2005, S. 39–40.

39 Groschup, 2005, S. 129–130.

40 Groschup, 2005, S. 20.

41 Groschup, 2005, S. 90,. 2003 hatten Christian Berger und Luc Bondy den Film „Ne fais pas ça!" realisiert.

42 Groschup, 2005, S. 98.

43 Erklärung und Anwendungsbeispiele: http://www.christianberger.at/crls/?lang=de, abgerufen am 30. 5. 2016.

44 Groschup, 2005, S. 109.

45 Eva Testor wurde für die erste Staffel der erfolgreichen ORF-Serie Vorstadtweiber 2016 mit einer Romy für die beste TV-Kamera ausgezeichnet.

46 Interview in der Tiroler Tageszeitung, 30. 5. 2016.

Eva Klotz – im Namen des Vaters

Von Peter Nindler

Eva Klotz im Zeitzeugengespräch mit Felix Mitterer

Der Standpunkt bestimmt den Blickwinkel. Bei Eva Klotz
(65) sind es die Lebensumstände, das Elternhaus und
ihre Heimat. Südtirol. Es ist die Geschichte Südtirols vor
1945 und danach, die die 1951 Geborene gleichsam mit
der Muttermilch aufgesogen und mit ihrem Vater Georg,
einem der bekanntesten und gleichsam umstrittensten
Südtirol-Aktivisten, miterlebt hat. Es ist das zwiespälti-
ge Bild über ihn, das sich auch auf seine Tochter überträgt. Schließlich wird Eva Klotz in eine Zeit der großen
Enttäuschungen für die Südtiroler Bevölkerung geboren.
Nach dem Ersten Weltkrieg von Tirol getrennt und von
Italien annektiert, unter den Faschisten italianisiert, ab
1939 durch das Hitler-Mussolini-Abkommen von der
Wahlmöglichkeit, nach Nazi-Deutschland umzusiedeln

oder in Südtirol zu bleiben, gesellschaftlich und politisch zerrissen und nach 1945 enttäuscht darüber, dass die Wiedervereinigung mit Österreich von den Alliierten abgelehnt wurde, machten sich südlich des Brenners Auflehnung und Protest breit; aber auch ein patriotisch-gewaltbereiter Widerstand. Weil Rom nahtlos an seine Politik im Faschismus angeknüpft hatte.

Die im Gruber-De Gasperi-Abkommen 1946 (Pariser Abkommen) zugestandene Südtirol-Autonomie erwies sich anfangs, wie sie der Innsbrucker Historiker Rolf Steiniger bezeichnet, als „Scheinautonomie". Der römische Zentralstaat mit der wiedererlangten Demokratie zog sich nicht aus Südtirol zurück, vielmehr festigte er südlich des Brenners seine Position. „Die Italiener in Rom und Trient kümmerten sich wenig um das, was De Gasperi unterschrieben hatte und wozu sie sich vertraglich verpflichtet hatten. Sie spielten im Gegenteil ihre Macht rücksichtslos aus und verfolgten die ‚51 %'-Politik, d. h. weitere Zuwanderung nach Südtirol, bis man dort die Mehrheit hatte. Das wäre zum Todesmarsch der Südtiroler geworden, vor dem Kanonikus Michael Gamper schon 1953 warnte. Die Reaktion der Südtiroler kam am Ende der 50er Jahre mit der Forderung ‚Los von Trient!'"[1]

Doch Steiniger differenziert, der Weg der Rückblende teilt sich. „Das Abkommen war nicht ideal, sicherte aber das Überleben der Südtiroler in einem fremden Staat, internationalisierte das Thema und wurde in gewisser Weise zur Magna Charta Südtirols, indem es auch den Gang Österreichs zur UNO 1960 erst ermöglichte. Es machte Österreich darüber hinaus zur ‚Schutzmacht' für Südtirol."[2] Der Historiker geht nach intensivem Quellenstudium davon aus, dass die Attentate in Südtirol eher den Prozess der Autonomiegespräche behindert denn gefördert hätten. Georg Klotz sah allerdings in der Gewalt ein legitimes Mittel, um sich gegen Rom aufzulehnen. „Mein

Vater hat dann Vorbereitungen getroffen, andere Aktionen vorzubereiten, weil er erkannt hat, dass die ganze Diplomatie nichts nützt. Alle Versuche der österreichischen Politik führen zu nichts, Italien hat sich einfach ganz stur gestellt: Südtirol ist ein inneritalienisches Problem, das Österreich nichts angeht", erinnert sich seine Tochter Eva im Zeitzeugengespräch im Innsbrucker Casino mit Felix Mitterer mehr als 55 Jahre nach der Feuernacht.[3]

Eva Klotz bezeichnet sich selbst als Frau und Politikerin mit einem ausgeprägten Gerechtigkeitsempfinden, deren Leben von ihrem Vater Georg/Jörg Klotz massiv beeinflusst wurde. Über den Tod hinaus wirkten Vater und Tochter als Einheit, der politische Inhalt von Eva Klotz ist auch ihre persönliche Geschichte. 2002 veröffentlichte sie die Biographie *Georg Klotz. Freiheitskämpfer für die Einheit Tirols,* die der Südtiroler Journalist und Autor Hans-Karl Peterlini mit den treffenden Worten rezensierte: „Das Buch einer Tochter, die im Namen des Vaters schreibt – und Politik macht."

Unbeugsam mit ihrem charakteristischen Zopf symbolisiert Eva Klotz das Vermächtnis ihres 1976 in Telfes in Stubaital verstorbenen Vaters.[4] Den Südtirol-Konflikt und den persönlichen Kampf ihres Vaters hat sie hautnah miterlebt. Zweifelsohne ist sie eine patriotische Hardlinerin, aber mit bewundernswertem Charisma. Sie bündelte 1989 die patriotischen Kräfte in der Union für Südtirol und gründete 2007 die Bewegung „Süd-Tiroler Freiheit". Der Name ist und bleibt ihr Programm.[5]

Streitbar, respektiert, kritisiert und geachtet – das ist Eva Klotz. 2014 hat sie sich nach 31 Jahren aus der Südtiroler Politik zurückgezogen, aber nach wie vor prägt sie mit der unbeirrten Forderung nach Selbstbestimmung Südtirols den patriotischen Spannungsbogen. Das Selbstbestimmungsrecht hat sie verinnerlicht, die Rückkehr zu Österreich bleibt ihr großer Traum. Selbst in der für sie unangenehmen Debatte über die Höhe ihrer Politiker-pension argumentierte sie volkstumspolitisch. Sieben Perioden saß sie im Südtiroler Landtag, Klotz akzeptierte schlussendlich eine Kürzung auf 2800 Euro, gleichzeitig erhielt sie einen Renten-Vorschuss von 950.000 Euro netto. Im Februar 2016 meinte sie dazu in der TV-Sendung *L'arena* auf RAI Uno: *Wird Südtirol ein eigenständiger Staat, gebe ich Italien das Geld zurück.* Andernfalls werde sie die Summe für die Verwirklichung der Selbstbestimmung für Südtirol verwenden.

Eva Klotz verstehen

Eva Klotz hat einen Standpunkt, den manche nicht verstehen oder nicht verstehen können bzw. wollen. Verklärt und doch unbeugsam. Ihre Denkweise, Einstellung, Geisteshaltung, Gesinnung und Überzeugung zu fassen, bedeutet sich damit auseinanderzusetzen, Mosaik für Mosaik zusammenzutragen. Der rote Faden in ihrem Leben ist ihr Vater, sein Tod der Unterbau, aber auch der Antrieb für das politische Engagement.

2001 ging sie den Weg zu jener Hütte, in der ihr Vater in der Nacht vom 6. auf den 7. September 1964 angeschossen und Luis Amplatz ermordet wurde. Schwer verletzt schleppte sich Klotz ins Ötztal. In der Biographie *Georg Klotz. Freiheitskämpfer für die Einheit Tirols* schreibt Eva Klotz: „Obwohl ich nicht die ganze Wegstrecke zurücklegen konnte, habe ich eine klare Vorstellung von Vaters Fluchtweg. Ich kann ermessen, welche Willenskraft er hatte und brauchte. Wenn jemand solche Strapazen und Gefahren auf sich nimmt, muss er von der Sache, für die er das alles tut, tief durchgedrungen sein! Wie leicht und gut hätte er es daheim in Walten haben können. Er hätte als Schmied und Sägewerksbesitzer sein Auskommen gehabt. Was trieb diesen Mann in den ungleichen Kampf, in eine solche Situation, verfolgt von einer ganzen Staatsmacht, gejagt von einem ganzen Heer und gefürchtet von ganz Italien! Seine Lebensgeschichte ist tief verwoben mit dem Schicksal des Landes Tirol im vergangenen Jahrhundert, mit der Entrechtung des Volks südlich des Brenners durch italienische Fremdherrschaft und mit dem Widerstand gegen Unterdrückung und Überfremdung."[6]

Die junge Eva Klotz führt ein zerrissenes Leben, in Südtirol und bei den Besuchen ihres Vaters nördlich des Brenners. Nach der Feuernacht im Juni 1961 musste Jörg Klotz nach Österreich flüchten. Unter Abwesenheit zu 52 Jahren Gefängnis verurteilt, kehrte er immer wieder über die grüne Grenze nach Südtirol zurück. Eva, die älteste Tochter von Rosa und Georg Klotz, hat fünf Geschwister und wächst in bescheidenen Verhältnissen auf. Trotzdem hatte Bildung im Hause Klotz einen großen Stellenwert, war die Mutter doch Lehrerin. Nach der Volksschule wurde Eva der Besuch der Mittelschule in Meran ermöglicht. Bei den Englischen Fräuleins in einem Schülerheim in Meran untergebracht, absolvierte Eva Klotz nach der Mittelschule die Lehrerbildungsanstalt. Danach studierte sie Geschichte, Philosophie und Volkskunde an der Universität Innsbruck, ihr Studium schloss sie mit dem Doktorat 1974 ab. Ein Jahr später begann sie bereits zu unterrichten, ihren Lehrberuf übte sie bis 1983 an Oberschulen in Brixen und Bozen aus. Nach der Wahl in den Südtiroler Landtag widmete sie sich ganz der Politik. „Ich war begeisterte Lehrerin, das war meine Lebensaufgabe", bekennt sie noch heute. Die 65-Jährige verweist auf eine gewisse Familientradition. Neben ihrer Mutter gab es in ihrer Verwandtschaft mehrere Pädagogen. „Als kleines Mädchen durfte ich auf dem Schoß meiner Mutter sitzen, als sie ihre Hefte korrigierte. In einem Haus mit Büchern und Heften interessieren sich die Kinder einfach dafür."[7]

Freiheit zu Freiheit: Eva Klotz hält eine Rede am Bergisel vor dem Andreas-Hofer-Denkmal.

Energisch, engagiert, kompromisslos und mit Zopf: Eva Klotz im Mai 2016 als Zeitzeugin im Casineum Innsbruck.

Der Südtiroler Heimatbund ist die politische Überheimat von Eva Klotz, mit dem Südtirol-Aktivisten und Ehrenobmann des Heimatbunds Sepp Mitterhofer verbindet sie eine jahrzehntelange Freundschaft.

Der Tod des Vaters fiel in die Anfangsjahre ihrer Lehrtätigkeit. Am 24. Jänner 1976 starb Jörg Klotz in Telfes im Stubaital. Der Südtiroler Heimatbund, der 1974 als Interessenvertretung der ehemaligen politischen Häftlinge Südtirol gegründet wurde, half der Familie in dieser schwierigen Zeit: „Der damalige Obmann Hans Stiller kam zu uns und bot uns an, dass sich der Heimatbund um alles kümmert. Dass mein Vater als Toter heim darf. Das ist dann auch geschehen, der Heimatbund hat die Überführung, die Aufbahrung und Beerdigung vorbereitet. Und ich habe mir gedacht, in einer Gemeinschaft, die so selbstlos agiert, da will ich mitmachen."

Die Erinnerung an die Beerdigung am 31. Jänner ist gewissermaßen das politische Credo von Eva Klotz. Als Übervater will sie ihren Vater nicht empfunden haben, dennoch schreibt sie in der Biographie: „Jörg Klotz ist heimgekehrt. Er hat nicht umsonst gekämpft, er hat dazu beigetragen, die tödliche Zuwanderung aus dem Süden zu stoppen. Er hat mit verhindert, dass die Südtiroler in ihrer Heimat zur bedeutungslosen Minderheit und völlig an den Rand gedrängt werden. Die Freiheitskämpfer haben die Heimat gerettet, haben mit ihrem Opfer den Grundstein für eine bessere Zukunft gelegt: Wenn die Südtiroler diese nicht leichtfertig verspielen, können sie gemeinsam mit den Nord- und Osttirolern die Chancen eines Europa der Völker und der natürlich gewachsenen Regionen nützen."[8]

Es sind harte, kompromisslose Worte. Doch für Eva Klotz sind sie ihre Wirklichkeit. Sie bleibt seit jeher ihrer Linie treu. „Wie ich etwa 1980 gedacht habe, so denke ich noch heute. Daran hat sich nichts geändert, das Selbstbestimmungsrecht der Völker ist die am meisten friedenstiftende Lösung von Volkstumskonflikten."[9]

Die Biographie über ihren Vater wollte sie gleich nach dessen Tod schreiben. „Als mein Vater tot war, habe ich gemerkt, ich muss ein Buch schreiben", schildert Klotz, doch es sollten 25 Jahre vergehen.

Der Beginn einer langen PolitikerInnenkarriere

Der Rückblick auf 31 Jahre politisches Engagement endet und beginnt immer mit einem Begriff: Selbstbestimmungsrecht. Bereits ein Jahr nach Eintritt in den Südtiroler Heimatbund wird sie in dessen Ausschuss aufgenommen. Plötzlich steht sie an vorderster Front. „1977 haben Österreich und Italien die UNO-Menschenrechtspakte unterzeichnet, dass alle Völker das Recht auf Selbstbestimmung haben und über ihre politische, soziale, kulturelle und wirtschaftliche Zukunft selbst und frei entscheiden können. Das war unser politisches Hauptthema, aber ich habe mich dann im Landtag um alle Themen gekümmert", will sich Klotz nicht nur auf ein Thema reduzieren lassen, wenngleich es ihr politisches Rückgrat war. Weil sie sich nie vorwerfen lassen wollte, dass sie eine bequeme Abgeordnete ist, die sich nicht für andere Themen interessiert. Klotz hat alles ernst genommen und sie ist stolz darauf, dass sie nur eine einzige Landtagssitzung wirklich versäumt hat – mit einer Ausnahme: Einmal musste sie krankheitsbedingt absagen. „Diese Sitzung wurde kurzfristig für eine halbe Stunde einberufen, ich hatte sie einfach verschwitzt." Den Vorwurf, dass sie nur die Südtirol-Politik und das Selbstbestimmungsrecht thematisiert hat, weist Eva Klotz entschieden zurück. Sie politisch einzuordnen, ist nicht einfach. Sie selbst sagt mit einer gewissen Genugtuung, dass man alles getan habe, um sie zuerst braun anzustreichen, danach schwarz.

Klotz ordnet sich am ehesten ins politische Spektrum der Christlich-Sozialen ein, aber: „Ich kümmere mich nicht um Ideologien. Wenn es um Gerechtigkeit und Menschenwürde geht, betrifft das alle. Das kann man nicht an Ideologien festmachen. Das ist ein großer Irrtum. Menschenwürde und Freiheit sind sehr wichtige Richtlinien für mich."[10]

Der Journalist und Buchautor Benedikt Sauer bescheinigt ihr allerdings eine mangelnde Abgrenzung zur Rechten. „Dass sie nicht rechts sei, hat sie öfter betont. Rassismen findet man in ihren Positionen nicht, der Unterschied etwa zu den Freiheitlichen ist insofern deutlich. Dennoch mangelte es Eva Klotz mehrfach an Abgrenzungen zur xenophoben Rechten: Gut in Erinnerung sind Auftritte mit Jörg Haider und bei Kundgebungen der Lega Nord."[11] Wie sehr man versucht hatte, Klotz in eine Schablone zu pressen, hat Sauer ebenfalls pointiert dargestellt. „‚La pasionaria', die Etikette für Klotz in italienischen Medien, mag respektvoll gemeint sein, trifft aber ihre Orientierung nicht. Mit der kommunistischen ‚La Pasionaria' Dolores Ibarruri, Ikone des Widerstands gegen Franco, hat Klotz ebenso wenig gemein wie mit linken nationalen Bewegungen à la Herri Batasuna (heute: Bildu) im Baskenland oder Sinn Fein in Nordirland, die den Widerstand gegen zentralistischere Staaten explizit auch sozial motivieren. Nie thematisiert hat Klotz, dass ihre Visionen Freistaat oder Gesamt-Tirol nüchtern betrachtet immer auch eine neue Grenze bei Salurn zur Folge hätten."[12]

Sosehr sie sich heute von der Südtiroler Volkspartei (SVP) abgrenzt, ihre ersten politischen Gehversuche machte sie in den Reihen der SVP im Bozner Gemeinderat. Als Unabhängige. Im Gespräch mit dem Südtiroler RAI-Moderator Markus Frings blickte sie im Juni 2015 in der Sendung „Privat" auf die überraschende Anfrage zurück. „1980 hat mich der Stadtbeauftragte der SVP gefragt, ob ich nicht für den Gemeinderat kandidieren würde. Zwei Mal habe ich Nein gesagt, dann ist er ein drittes Mal gekommen. In Gottes Namen habe ich dann klein beigegeben."[13] Aber sie wollte nicht auf der SVP-Liste sein. Zur Überraschung der arrivierten SVP-Politiker hat sie dann die drittmeisten Stimmen bekommen, obwohl sie nur bei einer Wahlveranstaltung teilgenommen hatte. „Das hat man mir auch übel genommen. Ich war dann im Bozner Gemeinderat eine Frau mit zehn Männern."[14]

1983 kam es endgültig zum Bruch, weil Eva Klotz für den Südtiroler Heimatbund bei den italienischen Parlamentswahlen kandidiert hatte. Ihre Fraktionskollegen im Bozner Gemeinderat haben sie immer wieder daran erinnert, dass sie nicht für eine andere Partei antreten könne, weil sie ja offiziell der SVP-Fraktion angehöre. „Es gab ein Hin und Her, die zehn Mander sind zu Gericht gesessen. Dann habe ich gesagt: Ich gehe von selbst, dann braucht ihr mich nicht davon ausschließen, wozu ich nie gehört habe."[15] Eines hat Eva Klotz der Männerriege aber deutlich zu verstehen gegeben. Bisher sei es für sie auch kein Problem gewesen, dass sie mit dem Südtiroler Heimatbund bereits einer anderen Gruppierung angehört habe.

In diesem Jahr hat sie sich auch erstmals für den Landtag beworben und wurde Abgeordnete des Wählerverbands des Südtiroler Heimatbunds. Fünf Jahre später erfolgte die Wiederwahl, danach gab es Gespräche über einen Zusammenschluss der deutschsprachigen patriotischen Kräfte. Unter Führung von Eva Klotz wurde 1989 die Union für Südtirol aus der Taufe gehoben, drei Mandatare, unter ihnen Eva Klotz, gehörten der Union an. Die Selbstbestimmung für Südtirol hat sich die neue deutschsprachige Sammelbewegung abseits der Südtiroler Volkspartei auf ihre Fahnen geheftet. Noch bevor die Berliner Mauer am 8. November 1989 fiel, hatte die Union bereits einen Antrag im Südtiroler Landtag eingebracht. Nur eine Mehrheit gab es dafür nicht. 1993, 1998 und 2003 wurde Eva Klotz, die auch Fraktionssprecherin war, jeweils in den Landtag wiedergewählt.

Das politische Urteil von Benedikt Sauer über die Tätigkeit von Eva Klotz fällt verhältnismäßig aus, weil die öffentliche Wahrnehmung größer war als die tatsächliche politische Kraft. „Eva Klotz hat vor allem als Verfechterin des ‚Rechts auf Selbstbestimmung' 30 Jahre die Politik in Südtirol mitgeprägt, aber kaum mitbestimmt als Abgeordnete einer kleinen Oppositionskraft, die zwischen gut zwei und dann fünf bis sieben Prozent erhielt. ‚Die Klotz' kennt man in Tirol und Österreich, weil ihr patriotisches Ansinnen hierzulande auch auf einen ideologischen und daher fruchtbareren Boden fiel als etwa die Vorstellung der politisch gewichtigeren Südtiroler Grünen-Verdi-Vërc von einer durch die Mehrsprachigkeit geprägten Region."[16]

So belegte sie in einem Ranking über die Bekanntheit der Südtiroler Politiker im April 1997 den fünften Platz, es waren damals aber nur knapp 42 Prozent der Ansicht, Eva Klotz solle weiter eine wichtige Rolle in der Südtiroler Politik spielen.[17]

Schon früh versuchte Klotz, sich mit Aktionismus Gehör zu verschaffen, nicht selten waren Anzeigen und Strafverfahren die Folge. Doch zu einer Verurteilung ist es nie gekommen. So erregte 1996 ein Wahlplakat der Union für Südtirol für die Parlamentswahlen die Gemüter. Auf einem alten Plumpsklo prangte in roter Schrift der Slogan: „Wir pfeifen auf diesen Staat". Wegen Schmähung der Nation musste sich die Führungsspitze der Union verantworten. Der Anzeige folgten naturgemäß harte Worte gegenüber Rom. Ein „politischer und juridischer Skandal" wurde angeprangert. „Unser Wahlplakat ist weitaus weniger hart als so mancher gegen Italien gerichteter Ausspruch der Lega Nord", war Eva Klotz überzeugt.[18] Was folgte, war eine Generalattacke des Vorstandes der Union, sich weder von Gesetzen noch von der Justiz einschüchtern und in seiner politischen Arbeit behindern zu lassen. Ein Staat, der mit solchen Gesetzen gegen eine politische Bewegung vorgehen lasse, habe in einem „künftigen Europa nichts zu suchen", hieß es.

Geht es um Selbstbestimmung, gibt es für Klotz keinen Spielraum. „Wenn jemand für ein Ideal nicht kämpft, dann ist entweder die Person nichts wert oder die Sache", beschreibt sie ihre Zielstrebigkeit.[19] Sie könne sehr tolerant sein, bekennt Klotz, „aber in der Politik, wo es um das Schicksal eines Landes geht, da sind Vehemenz und Kampfgeist angesagt." Und das bekamen vor allem die Vertreter der Südtiroler Volkspartei zu spüren.

Die Südtiroler Volkspartei als Reibebaum

Neben Rom im Äußeren wirkte im Inneren die SVP fortlaufend als der Reibebaum. Bei der Feier zum 10. Jahrestag der Gründung der Union für Südtirol im November 1999 meinte der damalige Landessekretär Andreas Pöder, dass sich die Union behaupten konnte, „und wenn die SVP dies ärgert, ist das unser schönstes Geburtstagsgeschenk".[20] Für Eva Klotz hatte die Union in den zehn Jahren ihres Bestehens wachgerüttelt, zu politischer und demokratischer Diskussion herausgefordert „und sicher auch polarisiert".

Während die Südtiroler Volkspartei mit Landeshauptmann Luis Durnwalder den Weg der Autonomie seines Vorgängers Silvius Magnago fortsetzte und versuchte, die Selbstverwaltung mit der endgültigen Streitbeilegung Österreichs und Italiens 1992 durch die Umsetzung des zweiten Autonomiepakets weiter auszubauen, beharrte Klotz konsequent auf die Selbstbestimmung und eine Loslösung Südtirols von Italien. 1997 wirft sie der SVP vor, dass ihr nichts mehr an Tirol liege, während ihre

Partei dafür arbeite, dass Südtirol ein Tiroler Land bleibe und wieder zu einer europäischen Verwaltungs- und Staatseinheit unter Tiroler Vorzeichen gehöre. Das Pariser Abkommen bewertet Klotz als einmaliges Dokument österreichischer Schwäche, weil es auf Pannen und Ungeschicklichkeiten Österreichs und der Vertreter der Südtiroler Volkspartei aufgebaut sei.[21]

Zwei Jahre zuvor hatten Durnwalder und sein damaliger Nordtiroler Amtskollege Wendelin Weingartner die Weichen für die Europaregion Tirol, Südtirol und Trentino gestellt und im Oktober 1995 das gemeinsame Tirol-Büro in Brüssel eröffnet.

Das Verhältnis zur dominierenden Südtiroler Volkspartei und zur Landesregierung war geprägt von Enttäuschungen, von persönlichen Eindrücken und vom Vorwurf gegenüber der Politik im Land, ihren Vater im Stich gelassen zu haben. Wie unversöhnlich das Verhältnis mit dem offiziellen Südtirol ist, wird in Eva Klotz' Gedanken an die Beerdigung ihres Vaters offenbar: „Die dumpfen Töne des Tambours werden vom dichten Schneefall verschluckt, die Fahnen neigen sich zum letzten Gruß. Das offizielle Südtirol ist nicht zugegen, aber das Volk, die Seele Südtirols ist da: Städter und Bauern, Männer und Frauen, Alte und Junge nehmen ergriffen Abschied von dem Mann, um dessen Leben sie mehr als einmal still gebangt haben."[22]

In den letzten Jahren seines Lebens hatte ihr Vater schreckliches Heimweh. „Da habe ich mit Silvius Magnago geredet, dass der Vater wieder heimkommen kann. Magnago hat mich nur mitleidig angeschaut, da habe ich gewusst, es macht keinen Sinn. Heute muss ich sagen, mein Vater konnte es nicht länger ertragen. Möglicherweise hat ihn der Herrgott vor Schlimmerem bewahrt."

Selbst als der Vater der Südtirol-Autonomie Silvius Magnago 2010 stirbt, gibt sie sich unversöhnlich. „Es wäre nicht ehrlich, anlässlich des Todes von Dr. Magnago nur Weihrauch zu spenden, denn es gibt auch eine andere Seite dieser charismatischen Südtiroler Persönlichkeit. Neben seinen Lichtseiten sind auch Schattenseiten. Diese haben vor allem Südtiroler Freiheitskämpfer und Familienangehörige von gefolterten politischen Häftlingen zu spüren bekommen. Folterbriefe sind jahrelang unter Verschluss geblieben, um das Verhandlungsklima in Rom nicht zu stören. Silvius Magnago ist bekannt für seine zähen Autonomieverhandlungen in Rom, aber auch wegen seiner Unduldsamkeit gegenüber dem Selbstbestimmungsanliegen. Silvius Magnago hat viele Verdienste, aber er hat viele Menschen auch seine Schwächen spüren lassen."[23]

Und immer wieder der Vater

Das Leben ihres Vaters ist auch ihres, die Erinnerungen an ihn bestimmen das Denken und Handeln von Eva Klotz. Wer war eigentlich der am 11. September 1919 in dem Südtiroler Bergdorf Walten im Passeier geborene Georg Klotz? Vielleicht wurde ihm das Schicksal des Widerstands in die Wiege gelegt. Denn einen Tag vor seiner Geburt hat der damalige österreichische Staatskanzler Karl Renner im Schloss St. Germain in Paris für Österreich den Friedens- oder Staatsvertrag mit den 27 alliierten und assoziierten Mächten unterzeichnet. Damit musste Österreich auch Südtirol an Italien abtreten.

Georg Klotz erlebte als Jugendlicher in den 1920er- und 1930er-Jahren die Italianisierung Südtirols unter dem faschistischen Joch am eigenen Leib mit. Alle Tiroler Sitten, Bräuche und Traditionen wurden nicht mehr erlaubt. Die Schützenkompanien durften nicht mehr ausrücken, die Herz-Jesu- und das Holepfann-Feuer am ersten Fastensonntag, das an die Schrecken der Pestzeit erinnern sollte, nicht mehr abgebrannt werden.[24] „Ein paar

Jugendliche haben auf dem Jaufen ein Feuer gemacht, alle haben es abgestritten, nur mein Vater hat es zugegeben. Er wurde dann in die Carabinieri-Kaserne nach St. Leonhard gebracht. Dort haben sie ihn geprügelt, dass er nicht mehr stehen und nicht mehr gehen konnte", schildert seine Tochter. Vater Anton Klotz musste den zwölfjährigen Georg holen und heimtragen. „Das hat in ihm das Bewusstsein gefördert, gegen die bist du machtlos, da nützt nur eine Waffe. Das war für ihn sicher ein ganz einschneidendes Erlebnis", glaubt Eva Klotz.

Mit der Machtergreifung Hitlers in Deutschland und dem Anschluss Österreichs folgt die Option. Die beiden faschistischen Diktatoren Adolf Hitler und Benito Mussolini vereinbaren 1939 eine zwangsweise Wahlmöglichkeit für deutsch- und ladinischsprachige Südtiroler, nach Deutschland umzusiedeln. „Die Südtiroler geraten in eine furchtbare Zwangslage und Gewissensnot. Einen Ausweg gibt es nicht. Sie müssen sich zwischen zwei Diktaturen entscheiden. Optieren sie für Deutschland, haben sie zwar die Gewähr, ihre Sprache und Kultur, die von den Faschisten all die Jahre unterdrückt worden war, beizubehalten. Das bedeutet, all das verlassen zu müssen, was die Väter und Vorväter in jahrhundertelanger harter Arbeit geschaffen und aufgebaut haben."[25] Demgegenüber bedeutet die Entscheidung für Italien, die deutsche Kultur und Sprache aufzugeben. Die Familie Klotz optiert für Deutschland.

Von Beruf ist Georg Klotz gelernter Schmied und Köhler. 1939 wird er zur Wehrmacht eingezogen, 1940 kommt er nach Narvik. „Dort hat er die ersten toten Soldaten gesehen und begriffen, was Krieg bedeutet. Das hat ihn sehr hergenommen, davon hat er oft erzählt." In Kirkenes wird er durch einen Granatsplitter in der Wirbelsäule schwer verwundet. Die Ärzte glauben nicht mehr, dass er überlebt. „Aber er hat es geschafft und wurde auf Genesungsurlaub nach Walten geschickt." Danach musste Georg Klotz noch einmal an die Front, nach Russland. In die Nähe von Stalingrad. In klaren Nächten haben sie die Lichter von Stalingrad gesehen. „Er war bei den Pionieren und konnte sich nur retten, weil seine Truppe ausgebrochen ist. Sie hätten das Gebiet halten sollen, aber ab einem gewissen Zeitpunkt machte das keinen Sinn mehr."

In der Nähe von Genua geriet Georg Klotz in amerikanische Gefangenschaft, im Herbst 1946 kam er aus der Gefangenschaft heim. Seine Frau, Rosa Pöll, hat er Ende der 1940er-Jahre kennengelernt. Sie war Lehrerin in St. Oswald unterhalb von Kastelruth. „Meine Mutter hat immer wieder gesagt, dass ihr seine rhetorischen Fähigkeiten imponiert haben; wie er sich mit allen unterhalten hat, wie er es verstanden hat über Politik oder Geschichte zu diskutieren. Sein Wissen hat sie beeindruckt. 1950 haben sie geheiratet, im Juni 1951 bin ich auf die Welt gekommen."

Rosa Klotz – eine starke Frau und Mutter

Die 2012 gestorbene Rosa Klotz nahm nicht nur als Mutter einen wichtigen Platz im Leben ihrer Tochter ein, sondern war die starke Frau hinter Georg Klotz. In einem Nachruf des Südtiroler Heimatbundes 2012 heißt es: „Als Jörg nach der Feuernacht des Jahres 1961 flüchten musste, hielt sie die Familie zusammen und war auch politisch im Passeier ein Fels in der Brandung. Jahrelang haben ihr Politiker, treue und weniger treue Freunde gesagt, sie solle nach Österreich gehen, damit sie endlich ohne Terror, Druck und Angst leben könne. Sie hat es nicht getan, weil sie es als ihre Pflicht angesehen hat, zu bleiben und Mut zu zeigen in einer Zeit der Feigheit. Sie hat das auch getan, als man ihren Mann von Nordtirol nach Wien verbannt und man ihr ein sorgloses Leben in Wien angeraten hatte, um sie aus Südtirol loszuwerden. Was immer auch passiert ist, sie hat zu ihrem Jörg gehalten und zu ihrem

Land. Sie hat den Terror und die Demütigungen bei jedem täglichen oder nächtlichen Besuch der Carabinieri in ihrem Haus ertragen. Hochnotpeinliche stundenlange Kontrollen auf dem Weg in die Schule und das Gleiche wieder bei der Heimfahrt von der Schule waren an der Tagesordnung. Und dabei hat sie sechs Kinder aufgezogen, unter ärmlichen Verhältnissen, aber reich an Liebe, Charakter, Anstand und Treue zur Heimat."[26]

Eva Klotz charakterisiert ihre Mutter als eine unerschrockene Frau. Als die Carabinieri ihren Mann nach der Feuernacht 1961 aufsuchen und verhaften wollen, verhilft sie Georg Klotz zur Flucht: „Der Karpf, so haben wir die Carabinieri genannt, ist herumgeschlichen. Meine Mama hat die Türe zugehalten und zu meinem Vater gesagt, wenn er gehen wolle, dann müsse es jetzt sein. Dann ist der Vater geflüchtet." Danach ist die Türe aufgegangen und der Carabiniere stürmte ins Haus herein. „Klotz, dove?", wollte er wissen, erinnert sich Eva Klotz an diese schicksalhaften Augenblicke. „Mein Vater ist den Weg hinunter. Im Gasthof Alpenrose haben sie auf ihn gepasst, aber mein Bruder Wolfram ist zu ihm gelaufen und hat gesagt, der Carabiniere ist weg. Mein Vater hat die Tasche mit den Leuchtraketen genommen. Den Rucksack hat er immer griffbereit gehabt." Im Rucksack war stets etwas zu essen sowie ein Fernglas. Und ein Kilo Pfeffer. Ihn wollte er ausstreuen, damit die Hunde der Carabinieri die Spur verlieren und ihn nicht zu fassen bekommen.

Georg Klotz hatte es gerade noch geschafft, seine kleine Tochter Resi auf den Schoß zu nehmen, da sind die Carabinieri schon hereingestürmt. „Klotz, aprire", haben sie geschrien. „Die Mama hat aufgemacht. Auf die Frage, ob sie wisse, wo ihr Mann sei, hat sie mit einer Gegenfrage geantwortet: Wissen Ihre Frauen immer, wo Sie sind." Die Carabinieri stellten ein Maschinengewehr im Hausgang auf, Evas kleiner Bruder Manfred steckte seinen Zeigefinger in den Lauf hinein. „Das war interessant für ihn. Meine Mutter hat getobt und die Carabinieri angehalten, dass sie das Gewehr sofort wieder zusammenpacken sollten. Das haben sie auch getan. Aber seither haben wir nie mehr Ruhe gehabt."

Sooft es geht, besucht Rosa Klotz mit den Kindern ihren Mann in Tirol, im Oktober 1966 wird auch sie verhaftet. Denn Georg Klotz wird von den italienischen Behörden für die Explosion eines Stützpunkts der Finanzpolizei auf der Steinalm in der Nähe des Brenners verantwortlich gemacht. Drei Männer sterben im September 1966, Georg Klotz wird später in Abwesenheit zu 20 Jahren Kerker verurteilt. „Obwohl er ein lückenloses Alibi vorlegen kann", wie seine Tochter erklärt.[27]

14 Monate verbrachte Rosa Klotz dann in Untersuchungshaft. Bei den Verhören wurde sie immer von einer Quarzlampe fast bis zum Erblinden geblendet. Als die 15-jährige Eva Klotz selbst einmal von der Schule heraus zum Verhör abgeholt wird, kommt es zu einer kurzen Begegnung mit der Mutter. „Die schmerzhafte Begegnung mit meiner Mutter am Nachmittag geht mir nicht mehr aus dem Kopf. Man hatte mich eine Treppe hinaufgeführt und meine Mutter von oben herunter. Ich hatte keine Ahnung, dass sie im selben Gebäude ist. Sie hatte Tränen in den Augen und wirkte erschöpft. Sie durfte nicht mit mir reden, musste gleich weitergehen. Auch ich durfte nichts sagen, musste auch weitergehen. Das war geplant gewesen, es war für uns beide schrecklich!"[28]

Für Eva Klotz war das eine schlimme Zeit. Die Mutter im Gefängnis, der Vater im Exil. „Erst Jahre danach habe ich begriffen und verstanden, dass es eine politische Sache ist." In Haft haben die italienischen Gefängniswärterinnen Rosa Klotz am meisten geholfen. Von den Geistlichen ist sie hingegen enttäuscht. „Zu Weihnachten ist der Südtiroler Weihbischof gekommen und hat die Gefängnisinsassen besucht. Er hat allen Frauen ein Geschenk mitgebracht und ihnen die Hand gegeben. Aber meiner Mama nicht. Die Aufseherinnen haben das gesehen und gesagt: Was er da tut, geht nicht. Meine Mama ist in die Zelle zurück und eine Wärterin, die aus Sizilien war, ist zum Weihbischof hin und hat ihn aufgefordert, er soll in die Zelle gehen und der Frau Klotz das Geschenk übergeben und ihr die Hand geben. Das hat er schlussendlich getan." Eva Klotz bezeichnet sich selbst als gläubig, obwohl sie mit der Kirche auch hadert. Vor allem, wenn es um Südtirol geht. „Ich bin gläubig und habe mir viele Gedanken gemacht. In den 70er-Jahren hatte ich ein Gespräch mit einem hochstehenden Exponenten der Kurie. Christus, habe ich gesagt, kann niemals einverstanden sein mit so einer Entscheidung. Da antwortete er: Es steht Ihnen nicht zu, darüber zu urteilen, was Christus tun oder sagen würde. Das hat mich sehr enttäuscht."[29] Im Baskenland, so Klotz, habe sie Jesuiten und Franziskaner kennengelernt und das Gegenteil erlebt. Bei der Forderung nach Selbstbestimmung der Basken hätten sich die Priester selbst vorne hingestellt.

Doch zurück zu Rosa Pöll-Klotz. Im Rückblick auf ihr Leben hat sie einmal gesagt: „Wenn ich heute auf diese bewegte und schicksalhafte Vergangenheit zurückblicke, kann ich sagen, dass sie zum Glück keine Bitterkeit hinterlassen hat, wohl aber sehr viele, nicht immer erfreuliche Erkenntnisse. Das Ganze doch gemeistert und vor allem die Kinder zu anständigen Menschen erzogen zu haben, die zu ihrem Vater und seiner Lebensaufgabe stehen, erfüllt mich doch mit Genugtuung und Freude."[30]

Widerstand und Aufstand

Widerspenstig, so gestaltet sich die politische Karriere von Eva Klotz. Ihr Zopf wurde zum Symbol dafür, wenngleich sie diese Bedeutung so gar nicht sieht. „In der ersten Zeit meiner politischen Aktivitäten gab es viele Anfeindungen. Manche haben zu mir gesagt, die Blöde mit dem alten Zopf, wenn sie wenigstens den Zopf abschneiden würde. Aber daraus habe ich mir nichts gemacht. Dann ist die Stimmung total gekippt und es hieß plötzlich: Das ist ganz eine Schlaue, die sich ein Markenzeichen zugelegt hat. Das hat auch nicht gestimmt. Das mit dem Zopf war einfach eine praktische Entscheidung."[31] Klotz wollte einfach nicht so oft zum Friseur gehen.

Trotzdem: Unter der Überschrift „Eva Klotz kürzt Zopf" berichtete die *Tiroler Tageszeitung* am 17. Dezember 1998 von einer kleinen politischen Sensation, für die Eva Klotz und der scheidende Abgeordnete Ruggero Benussi (Alleanza Nazionale) gesorgt haben. Klotz hat dem Postfaschisten zum Abschied ein Stück ihres Zopfes geschenkt. Benussi hatte Klotz schon seit langem um ein Stück davon gebeten, der für ihn als „Markenzeichen ihres politischen Kampfes" steht. Aber selbst beim Zopf hat Vater Georg Klotz mitgeflochten.

Denn als kleines Kind hatte Eva Klotz dünnes blondes Haar, wie sie heute erzählt. Ihr Vater wollte jedoch, dass sie dicke Zöpfe bekommt. „Er hat mich einmal kahl geschoren, dass meine Haare sehr fest nachwachsen. Dann habe ich meine Haare nicht mehr kurz geschnitten. Ich hatte anfangs zwei Zöpfe, bei Klettertouren war das aber nicht ganz ungefährlich, dann habe ich einen abgeschnitten und seither habe ich einen Seitenzopf."[32]

Zu den Schützen hat Eva Klotz eine besondere Beziehung, schließlich war ihr Vater nach dem Zweiten Weltkrieg Mitbegründer des Südtiroler Schützenbundes und erster Landeskommandant-Stellvertreter. Gerne als Gastrednerin eingeladen, nützt Eva Klotz immer wieder Auftritte vor den Schützenkompanien, um ihre volkstumspolitischen Botschaften anzubringen. Selbst nach ihrem Ausscheiden aus der Politik. So auch am 8. Dezember 2015 bei den Gedenkfeiern anlässlich des 51. Todestags des Freiheitskämpfers Sepp Kerschbaumer. Sie sorgte sich damals um den Erhalt der deutschen Sprache. Nach dem italienischen Sprachimperialismus werde nun an Südtirols Schulen ein Mehrsprachigkeits-Imperialismus über alles gestülpt, kritisierte Klotz. „Für sie sind die aktuelle Schul-, aber auch Ortsnamenpolitik die augenfälligsten Beispiele dafür, dass es der Besatzerstaat Italien vor allem in den letzten Jahren geschafft hat, viele unserer Landsleute einzulullen und sogar als Erfüllungsgehilfen bei der Altoatesinisierung zu gewinnen. Auf dem Spiel stehe dabei nicht weniger als die Identität der Südtiroler", wird sie von *salto.bz*, dem Nachrichten- und Communityportal für Südtirol, zitiert.[33]

Die Schützenkompanien in Südtirol wieder aufzustellen, trieb den Wehrmachtsveteranen Georg Klotz an. Das Soldatische marschierte mit ihm nach wie vor mit. „Mein Vater hatte viel vom Schützenwesen gewusst. Er hatte viele Kontakte, sie nach dem Krieg wieder aufgenommen und mit früheren Schützen das Gespräch gesucht." Zuerst gingen die Südtiroler daran, die Trachten herzurichten, „meine Eltern waren die Ersten, die in der erneuerten Passeier Tracht geheiratet haben. Das hat damals ein Vermögen gekostet, aber es war ihnen wichtig, dieses Zeichen zu setzen". Im Laufe der Zeit taten sich immer mehr Männer zusammen, die italienischen Behörden haben es nicht verboten. Weil die Amerikaner alles unterstützt hätten, was die Traditionen gegen den Kommunismus förderten. „Deshalb haben die Italiener das nicht verbieten können."

Bereits beim großen Festumzug 1959 in Innsbruck sind dann viele wieder errichtete Schützenkompanien und Musikkapellen mitmarschiert. In diesem Schützeneifer manifestiert sich gleichzeitig die Auflehnung gegen Rom. Der Befreiungsausschuss für Südtirol (BAS) wurde gegründet. „Die Mitglieder haben einen Schwur geleistet, für die Freiheit Südtirols einzutreten und nicht eher zu lassen, als dass Südtirol frei ist und nicht mehr zu Italien gehört. Mein Vater hat damals zu meiner Mutter gesagt: Rose, hast du nicht etwas für den Abend mit einem Tiroler Adler drauf. Und meine Mutter hat ein Polsterkissen mit einem Tiroler Adler gestickt. Darauf haben die Männer dann ihren Schwur geleistet." Vieles ist jedoch anders gekommen, selbst im Befreiungsausschuss für Südtirol gab es massive Spannungen. Sepp Kerschbaumer trat für einen Gewaltverzicht ein, die Gruppe um Georg Klotz und den Nordtiroler Wolfgang Pfaundler drängte zu Aktionen. Gleich nach der Feuernacht wurden 100 Leute gefangen genommen, Georg Klotz gelingt die Flucht. In den 1960er-Jahren wurde er drei Mal in Abwesenheit zu insgesamt 52 Jahren Gefängnis verurteilt.

Klotz war zu Lebzeiten eine Reizfigur. Von den einen zum Helden und Freiheitskämpfer hochstilisiert, von den anderen zum Terroristen, der sich gern mit Pistole ablichten ließ. Der Innsbrucker Anwalt und ehemalige Politiker Willi Steidl, der Klotz in Südtirol-Prozessen verteidigt hatte, hat bei der Präsentation der Klotz-Biographie 2002 in Innsbruck auch die Leicht- und Gutgläubigkeit von Georg Klotz angedeutet. Während seiner Exil-Jahre in Österreich bewegten sich schließlich in seinem Umfeld zwielichtige Pangermanisten und am äußeren rechten Rand angesiedelte Aktivisten.[34]

Die Suche und das Ende

Ein Ereignis lässt Eva Klotz bis heute nicht los – der Mord an Luis Amplatz in der Nacht vom 6. auf den 7. September 1964. Amplatz ist treuer Weggefährte von Georg Klotz. Als mutmaßlicher Täter gilt der Haller Christian

Kerbler, mit dem sich Klotz in Tirol angefreundet hatte. Kerbler soll Amplatz im Schlaf erschossen haben und trifft Georg Klotz zweimal. „Sie wollten in einer Heuhütte auf den Brunner Mahdern übernachten, der Kerbler ist wieder einmal gegangen. Plötzlich wurden beide sehr müde, mein Vater hat später erzählt, dass es eine noch nie gekannte bleierne Müdigkeit war. Kerbler dürfte ihnen etwas in den Tee hineingetan haben." Durch Schüsse ist Georg Klotz aufgewacht und hat eine Verletzung gespürt. Eine Patrone ist in der Achselhöhle steckengeblieben, einen Arm konnte er nicht mehr bewegen. „Da hat er gesehen, dass ihn der Kerbler anleuchtet. Er hat nicht erkannt, ob er eine Waffe hatte. Licht aus, hörst nicht, dass sie schießen, hat mein Vater geschrien." Gleichzeitig wurde ihm bewusst, dass Luis Amplatz tot ist.

Barfuß ist Georg Klotz raus aus der Heuhütte und flüchtete über das unwegsame Gelände. In einem Stall hat er eine Zigarette geraucht. „Hab dann extra inhaliert und die Luft angehalten und hab' mir gedacht, wenn die Lunge durchschossen ist, dann muss der Rauch beim Loch herausgehen."[35]

Das war aber nicht der Fall. Für die Familie folgten jedoch bange Tage, hörten sie doch, dass Luis Amplatz tot sei und sich die Spuren von Klotz in einem Graben verlieren. „Es war ein Ohnmachtsgefühl. Werden wir ihn finden, wird er elendiglich zugrunde gehen? Deswegen weiß ich, was es heißt, wenn jemand vermisst wird. Das ist das Schlimmste. Am dritten Tag haben wir dann gehört, dass Jörg lebend im Ötztal angekommen ist. Das war eine unglaubliche Erleichterung für uns."

Eva Klotz begibt sich auf eine beinahe 30 Jahre dauernde Spurensuche, um den Mörder von Luis Amplatz zu finden. Dafür hat sie fast ihre gesamten Ersparnisse aufgewendet. „Ich habe sogar einen Privatdetektiv angestellt und 1993 eine Adresse in Durban, Südafrika, bekommen."

Kaplan soll der Mann geheißen haben und mit seinem Lebenslauf etwas nicht gestimmt haben. Der Detektiv hat Eva Klotz sogar Fotos geschickt. Aber mit dem Gesicht hat was nicht gepasst. „Ich bin dann nach Durban gefahren, habe meine Zöpfe unter den Hut gesteckt, mich fest geschminkt und die Person eine halbe Stunde beobachtet." Eva Klotz war völlig verzweifelt und hat mit sich gerungen. „Ich dachte mir, der Buckel, ja das könnte er sein. Was mache ich nur?" Dann schaute sie sich seine Finger an. Kurze, abgehackte Finger, „der Kerbler hatte aber lange Künstlerfinger gehabt. Dann habe ich gewusst, er ist es nicht." Eva Klotz atmete durch, sie war irgendwie erlöst. „Weil ich ja auch nicht gewusst habe, was ich getan hätte, wenn er es gewesen ist. Ich hätte ihn ja nicht entführen können."

Das Leben von Georg Klotz endet 17 Jahre zuvor in einer Köhlerhütte am Ruetzbach in Telfes: Eva Klotz' Vater hat es in der Stadt nicht ausgehalten. „Er hat gesagt, er geht in die Waldeinsamkeit, da fühlt er sich frei." Von der Kohle, die er hergestellt hat, lebte Klotz. Im Sommer haben alle mitgeholfen, so gab es ein wenig Familienleben. 1975 brach er sich einige Rippen, im Herbst plagt ihn immer wieder leichtes Fieber. Er wird schwächer und magert ab. Im Spital stellen die Ärzte eine Rippenfellentzündung fest. „Zu Weihnachten 1976 haben wir ihn nicht alleine gelassen. Er hatte zugenommen, das Gesicht wirkte aufgedunsen." Im Jänner 1976 unterzog sich Georg Klotz in der Innsbrucker Klinik einem kleinen chirurgischen Eingriff. Die Pfeife hat ihm plötzlich nicht mehr geschmeckt. Es geht ihm nicht gut, er verbringt mehrere Tage im Bett. Als er nach Innsbruck zum Arzt fahren will, steht er auf, nimmt seinen Rucksack und will mit zwei Holzarbeitern Richtung Innsbruck fahren. Nicht weit von der Hütte finden die zwei Arbeiter dann Georg Klotz im Schnee liegen. Er erlitt eine Lungenembolie und stirbt.

Eva Klotz hatte schon zwei Wochen davor ein tieftrauriges Gefühl verspürt.[36] „Es ist eine unglaublich traurige Geschichte, aber er war ein freier Mensch", spricht Eva Klotz heute über die letzten Lebenswochen ihres Vaters.

Vor der Überführung nach Südtirol findet in Absam noch eine Verabschiedungsfeier statt. Sepp Forer, einer der „Pusterer Buam", der ebenfalls nach Tirol geflüchtet ist, erzählt damals, was ihm Jörg Klotz bei seinem letzten Treffen anvertraut hat. „Der Tod ist mir etwas Selbstverständliches, ein dem Leben Zugehörendes wie das Geborenwerden. Mir ist auch nicht angst vorm Sterben, da ich immer meinem Gewissen gefolgt bin und nur das Beste für meine Heimat gewollt habe, auch wenn es manchmal saggrisch schwer war ..."[37] Wie sich doch Vater und Tochter gleichen ...

Die „Außerparlamentarierin"

Politisch in der Union für Südtirol tätig, wirkt Eva Klotz vor allem außerhalb der politischen Strukturen. Die Union konnte sich gleich nach ihrer Gründung im Herbst 1989 als deutschsprachige Oppositionspartei behaupten, selbst die Südtiroler Freiheitlichen blieben lange in ihrem Schatten. Aber nur zwei Mandate waren Standard, am dritten schrammte die Union stets vorbei. Klotz führte die Union als Galionsfigur, bei den Parlamentswahlen 1996 erreichte sie sogar 19 Prozent der Stimmen. Doch Mitte der 2000er kam es zu Streitereien innerhalb der Union, in der sich Landessekretär Andreas Pöder zunehmend profilierte.

Wenn sie heute an den Konflikt in der Union zurückdenkt, meint Eva Klotz, dass sie in ihrem Leben alles Mögliche erlebt habe. „Verrat und Falschheit. Aber so eine Art habe ich vorher nicht erlebt. Diese Situation hat sehr viel Kraft gekostet."[38] Damals spielte Eva Klotz sogar mit dem Gedanken, sich gänzlich aus der Politik zurückzuziehen. 2005 gab es außerdem Ermittlungen gegen Landessekretär Andreas Pöder im Zusammenhang mit der Verhaftung von acht Mitgliedern des „Südtiroler Kameradschaftsrings", bei denen rechtsradikales Propagandamaterial gefunden wurde. Pöder hatte Kontakte dazu, zu strafrechtlichen Konsequenzen ist es aber nie gekommen. Die Union geriet allerdings ins schiefe Licht, die Affäre kratzte an ihrem Image. „Die schwierige Abgrenzung", analysierte damals Mateo Taibon in der *Zeitschrift für bedrohte Völker*: „Die Grande Dame der ‚Union für Südtirol', Eva Klotz, wollte ihren Kollegen seiner Ämter in der Partei entheben, fand im Parteivorstand jedoch keine Mehrheit. Mit welcher Glaubwürdigkeit soll nun die Union für Südtirol gegen den italienischen Faschismus Stellung nehmen, wenn Exponenten und einfache Mitglieder keine Abgrenzung gegen deutschen Faschismus vornehmen?"[39] Intern soll Eva Klotz Pöders Rücktritt verlangt haben, zum Bruch kam es schließlich 2007.

Die Union sollte nämlich künftig einen Parteiobmann erhalten, der fünfköpfige Vorstand entmachtet werden. Pöder hatte dieses Statut ausgearbeitet, Klotz und ihre Getreuen waren strikt dagegen. Weil auf der Landesversammlung am 5. Mai die umstrittene Statutenänderung mit knapper Mehrheit beschlossen wurde, verließen Klotz und Co. die Union. Sie, Sepp Mitterhofer und Herbert Campidell bezeichneten diese Absicht als klare Absage an ihre bisherige Politik und deuteten die Vorgangsweise als indirekten Hinauswurf. „Unser Rausschmiss bedeutet eine Absage an die bisher glaubwürdige Selbstbestimmungspolitik der letzten Jahre, hat doch die neue Obmannstellvertreterin Christine Taraboi Blaas bei verschiedenen Gelegenheiten ohne Einspruch von Pöder gefordert, man solle die Selbstbestimmung langsam vergessen, weil man damit keinen Hund mehr hinter dem

Ofen herauslocken könne. (...) Aus diesen Gründen sehen wir uns außerstande, in dieser Partei glaubwürdig unsere Ziele zu vertreten, und erklären damit den Austritt aus der Union für Südtirol. Wir gründen eine Sammelbewegung, um all jenen eine neue politische Heimat zu bieten, die der Pöder-Union den Rücken kehren. Ihr habt die freie Wahl. Wer zu uns kommen und für unsere Ideale weiter arbeiten will, ist herzlich willkommen."[40]

Mit diesem Schritt erfolgte gleichzeitig der Startschuss für die dritte politische Karriere von Eva Klotz – die Süd-Tiroler Freiheit. Laut Eigendefinition verwendet die Süd-Tiroler Freiheit diese Schreibweise ihres Namens, um auf den temporären Charakter der Trennung hinzuweisen.[41] Wie Eva Klotz betont, steht der Name „Süd-Tiroler Freiheit – Freies Bündnis für Tirol" bereits für das Programm. „Es ist die Freiheit, selbst zu entscheiden, wie unsere Zukunft aussehen soll, für die wir stehen. Dies gilt besonders für den politischen Status Südtirols, aber auch für den Erhalt unserer Natur- und Kulturlandschaft. Warum wir keine traditionelle Partei sind? Die Schnelllebigkeit und Flexibilität der heutigen Zeit haben den Begriff der politischen Parteien überholt. Soziale Gerechtigkeit und Umweltschutz gehören ebenso zum Standardrepertoire jeder Partei wie Wirtschafts- und Kulturpolitik. Politische Grundüberzeugungen und Ideale wurden jedoch einer ‚Wohlfühlpolitik' geopfert, und die Parteien somit zu uniformen Interessensgemeinschaften, deren Hauptziel nicht mehr die Umsetzung politischer Inhalte, sondern das Gewinnen der nächsten Wahlen ist."[42]

Die Schreibweise zielt außerdem darauf ab, zu signalisieren, dass Südtirol nur temporär von Tirol getrennt ist. „Süd-Tirol ist jedoch nicht Italien, war nie Italien und soll auch nie Italien sein! Wäre Süd-Tirol eine normale italienische Provinz, hätten wir keinen Anspruch auf eine

Autonomie, denn diese haben wir nur deswegen erhalten, weil weder Land noch Leute italienisch sind", sagt ihr wichtigster Verbündeter und heutige Fraktionssprecher Sven Knoll.[43] 2007 präsentierte die Süd-Tiroler Freiheit auch ihre wohl bis heute bekannteste Plakataktion „Süd-Tirol ist nicht Italien". Damit wollte das Bündnis ein Zeichen setzen, weil aus ihrer Sicht Südtirol von „gewissen Kräften" tagtäglich als rein italienische Provinz vermarktet werde.

Bei den Landtagswahlen 2008 konnte die neue Partei auf Anhieb zwei Mandate erreichen. Mit 9914 Vorzugsstimmen stellte Eva Klotz ihre Ex-Parteikollegen von der Union für Südtirol in den Schatten. Beide Parteien warben mit dem Selbstbestimmungsrecht, doch Klotz punktete mit ihrem „Südtirol ohne Italien" wesentlich besser in der Bevölkerung. Die Trennung von der Union bezeichnete sie damals als richtigen Weg. „Die Glaubwürdigkeit meiner jahrzehntelangen Politik hat mir sicher auch geholfen."[44]

Selbstbestimmung, Loslösung von Italien, Wiedervereinigung mit Tirol – Eva Klotz hatte mit der Süd-Tiroler Freiheit endgültig ihre Bestimmung gefunden. Seit einigen Jahren ist ihr auch die Doppelstaatsbürgerschaft für Südtiroler ein großes politisches Anliegen. Die SVP brachte es ebenfalls aufs Tapet, doch nur zögerlich vorangetrieben. 2010/2011 hatte die Süd-Tiroler Freiheit eine große Unterschriftenaktion gestartet, mehr als 20.000 Unterstützungen konnten danach im Parlament übergeben werden. Für Eva Klotz ist die Doppelstaatsbürgerschaft eine Frage der Identität. „Mir geht es um die Nähe zu Österreich, ich würde gerne österreichische Staatsbürgerin sein."[45] Wegen rechtlicher Hürden wurde die österreichische Staatsbürgerschaft für Südtiroler 2016 auf Eis gelegt, weil es im Nationalrat dafür keine Mehrheit gibt.

Ein Leben für ein Ziel – Los von Rom: Eva Klotz und ihr junger Mitstreiter von der Süd-Tiroler Freiheit, Sven Knoll.

Eva Klotz ist mit den Schützen groß geworden, ihr Vater Jörg war Mitbegründer der Südtiroler Schützen nach 1945.

Der Rückzug

Wegen einer schweren Erkrankung ihres Ehemanns Hans Bachmann, mit dem sie in zweiter Ehe verheiratet ist, zog sie sich einigermaßen überraschend 2014 aus dem Landtag zurück, ein Jahr zuvor hatte die Süd-Tiroler Freiheit mit drei Mandaten bei der Landtagswahl einen großen Erfolg verzeichnet. Stärkste deutschsprachige Oppositionspartei wurden aber die Freiheitlichen mit sechs Sitzen im Südtiroler Landtag. Dennoch: Mit ihrer Nähe zum Südtiroler Schützenbund, ihrer akribischen Öffentlichkeitsarbeit und der klaren „Los-von-Rom"-Parole wird die Süd-Tiroler Freiheit in Südtirol stärker wahrgenommen, als ihr politisches Gewicht wiegt. In der Süd-Tiroler Freiheit ist Klotz nach wie vor aktiv. Nach ihrem Abschied aus dem Landtag wurde sie einstimmig in die Landesleitung und den Hauptausschuss der Süd-Tiroler Freiheit kooptiert. Unter der aktuellen Situation am Brenner mit den Vorbereitungen für das Grenzmanagement wegen der Flüchtlingskrise leidet Eva Klotz. „Mir tut es im Herzen weh, weil auf unser Selbstbestimmungsanliegen immer gesagt wurde, es gibt ja keine Grenzen mehr. Damit hat man uns immer wieder runtergetengelt. Siehe da, es gibt sie doch, die Grenze."

Am Ende ihrer politischen Karriere wurde Eva Klotz Respekt gezollt. Und wieder spielt dabei der Blickwinkel eine große Rolle, denn sie symbolisiert seit 40 Jahren das Vermächtnis ihres Vaters. „Klotz ist eine aufrechte Kämpferin und ich schätze jeden, der sich ganz für eine Sache einsetzt. Aufgefallen ist sie mir schon, als sie für die SVP im Bozner Gemeinderat saß und sich nicht immer an Parteibeschlüsse hielt", sagte etwa der Südtiroler Altlandeshauptmann Luis Durnwalder in einem Zeitungsinterview.[46] Und gegenüber RAI Südtirol meinte er: „Wenn sie sich jetzt aus der Politik zurückzieht, dann zieht sich ein Denkmal zurück. Wenn sie aufgetreten ist, im italienischen Fernsehen in Rom oder Mailand, dann hat das schon Wirkung gehabt!"[47] Und trotz ihres mitunter missionarischen Sendungsbewusstseins und offener Abneigung gegenüber Rom drückten auch italienische Politiker wie der rechtsgerichtete Alessandro Urzi ihren Respekt aus: „Eva Klotz hat sich immer voller Respekt gegenüber anderen Personen, aber auch anderen Ideen, verhalten."[48]

Letztlich prägt das Lebensmotto von Georg Klotz jenes der Tochter, die heute auch im Namen ihres Vaters lebt. „Die Freiheit und das Himmelreich gewinnen keine Halben." Und dieser Standpunkt bestimmt ihren persönlichen Blickwinkel.

Anmerkungen

Die nicht gekennzeichneten Zitate von Eva Klotz sind Auszüge aus dem Zeitzeugengespräch vom 3. Mai 2016 mit Felix Mitterer im Innsbrucker Casino.

1   Steininger, R. (2010). Schilda in Südtirol. Ein Zwischenruf. *Dolomiten*, 21./22. August 2010, 18.

2   Ebd., 18.

3   Zeitzeugengespräch mit Eva Klotz am 3. Mai 2016.

4   Nindler, P. (2014). Der Zopf als Symbol einer Unbeugsamen. *Tiroler Tageszeitung*, 18. November 2014, 2.

5   Ebd., 2.

6   Klotz, E. (2002). *Georg Klotz. Freiheitskämpfer für die Einheit Tirols*. Eine Biografie. Wien: Molden Verlag, S. 13, 14.

7   RAI Südtirol, Sendung *Privat* mit Markus Frings, Juni 2015.

8   Klotz, 2002, S. 341, 342.

9   RAI Südtirol, *Radio Wohnzimmer* mit Sigrid Flenger, Februar 2015.

10 Ebd.

11 Sauer, B. (2014). Eva Klotz. *Tiroler Tageszeitung*, 24. November 2014, 2.

12 Ebd.

13 RAI Südtirol, *Privat*, Juni 2015.

14 Ebd.

15 Ebd.

16 Sauer, 2014, S. 2.

17 *Tiroler Tageszeitung*, 1. April 1997, 4.

18 *Tiroler Tageszeitung*, 26. September 1996, 4.

19 RAI Südtirol, *Radio Wohnzimmer*.

20 *Tiroler Tageszeitung*, 3. November 1999, 4.

21 *Tiroler Tageszeitung*, 11. September 1996, 4.

22 Klotz, 2002, S. 342.

23 Aussendung Süd-Tiroler Freiheit, 25. Mai 2010.

24 Klotz, 2002, S. 26.

25 Ebd., S. 32.

26 Nachruf des Südtiroler Heimatbundes, 28. Juni 2012.

27 Klotz, 2002, S. 287.

28 Ebd., S. 291.

29 RAI Südtirol, *Privat*, Juni 2015.

30 Klotz, R. Ihr Mann, wo ist er? In Mitterhofer – Obwegs (Hrsg.), Seite 189.

31 RAI Südtirol, *Radio Wohnzimmer*.

32 Ebd.

33 Evas Warnung. *salto.bz*, 9. Dezember 2015.

34 *Tiroler Tageszeitung*, 3. Oktober 2002, 12.

35 Klotz, 2002, S. 291.

36 Ebd., S. 337.

37 Ebd., S. 339.

38 RAI Südtirol, *Privat*, Juni 2015.

39 Taibon, M. (2006). *Die schwierige Abgrenzung*. Zeitschrift für bedrohte Völker 1/2006.

40 Brief an die Mitglieder der Union für Südtirol am 5. Mai 2007.

41 Wikipedia, Süd-Tiroler Freiheit.

42 Aussendung Süd-Tiroler Freiheit, 11. Mai 2007.

43 Aussendung Süd-Tiroler Freiheit, 13. Juli 2007.

44 *Tiroler Tageszeitung*, 28. Oktober 2008, 4.

45 *Tiroler Tageszeitung*, 24. Februar 2011, 4.

46 Altlandeshauptmann Luis Durnwalder in den *Dolomiten*, 18. November 2014.

47 Altlandeshauptmann Luis Durnwalder in RAI Südtirol, 18. November 2014.

48 Alessandro Urzì in RAI Südtirol, 18. November 2014.

Helmut Kopp – Baumeister des modernen Telfs

von Nikolaus Paumgartten

Helmut Kopp spricht mit Moderator Felix Mitterer über den gemeinsamen Kampf für die Volksschauspiele in Telfs

Am 29. Juni 1985 zerreißen donnernde Schüsse aus den Leutascher und Telfer Schützenkanonen die Stille auf der Buchener Höhe und hallen weit hinunter ins Inntal und durch das Leutaschtal über das Seefelder Plateau. Die Musikkapellen von Leutasch und Telfs spielen auf, Prominente aus Politik und Wirtschaft geben sich ein Stelldichein. Der Grund für die Volksfeststimmung: die Fertigstellung und Eröffnung des Interalpen-Hotels, mit dem sich der millionenschwere deutsche Industrielle

Hans Liebherr nach vier Jahren Bauzeit einen Lebenstraum erfüllt. In der prunkvollen Empfangshalle haben Schützen und Musikanten mit ihren bunten Trachten auf den breiten Treppenaufgängen Aufstellung genommen. Tirols Landeshauptmann Eduard Wallnöfer, durch einen verknacksten rechten Knöchel leicht in seiner Mobilität eingeschränkt, legt Hans Liebherr das Ehrenzeichen des Landes Tirol um den Hals. Der Telfer Bürgermeister Helmut Kopp, einige Zentimeter größer als der legendäre Landesvater, hilft dabei, die Kette im Nacken des großgewachsenen Unternehmers zu schließen, und muss sich dafür auf die Zehenspitzen stellen. Es ist nicht nur ein bewegender Moment im Leben des 70-jährigen Liebherr – es ist auch eine der Sternstunden in der politischen Karriere des Helmut Kopp. Jener Mann, der elf Jahre zuvor zum Bürgermeister der größten Gemeinde im Tiroler Oberland gewählt wurde und in seinem Amt Telfs noch weitere 19 Jahre und darüber hinaus seinen Stempel aufdrücken wird.

Kindheit in Igls

Helmut Kopp wird am 4. Juli 1939 in Igls bei Innsbruck geboren. „Ich habe mir den amerikanischen Staatsfeiertag ausgesucht", schmunzelt er beim Zeitzeugengespräch mit Felix Mitterer im Casino Innsbruck. Der Vater Volksschullehrer und Volksschuldirektor, die Mutter Hausfrau und mit ihren sechs Kindern alle Hände voll zu tun. „Die 30er-Jahre", erzählt Helmut Kopp, „waren ja eine relativ schlechte Zeit und für Lehrer hat es damals nicht so viele Stellen gegeben". Und so kommen die Kinder der Familie Kopp immer an den jeweiligen Dienstorten des Vaters zur Welt: Weerberg, St. Johann und eben Igls. „Eine föhnige Gegend". Obwohl der Vater selten zu Hause und das Leben in den Kriegsjahren alles andere als leicht ist, erlebt Helmut Kopp eine weitestgehend unbeschwerte Kindheit. Auch wenn nicht viel da und die Not groß ist – arm kommen sich die Geschwister trotzdem nie vor.

„Früher, als Bürgermeister, habe ich immer an die Zukunft gedacht. Jetzt denke ich zurück und mir kommen die unterschiedlichsten Bilder in Erinnerung."

Eines handelt davon, wie der kleine Helmut auf dem Balkon im ersten Stock des Elternhauses, dem „Haus am Bühel", steht und fasziniert, aber ratlos die Bombardierung von Innsbruck mitverfolgt. „Meine Mutter hat mich dann hereingeholt und mir nicht erklären können, was da passiert." Und nach 1945 – die lebhafte Erinnerung an die Zeit, als Tirol von den Franzosen besetzt ist. „Damals habe ich zum ersten Mal in meinem Leben dunkle Menschen gesehen. Marokkaner, die direkt über unserem Haus stationiert waren und uns Kinder sehr gerne gehabt haben". Einer dieser Soldaten schenkt ihm ein Messer mit einem dunkelbraunen Griff. „Und ich habe in den hineingebissen, weil ich gedacht habe, er ist aus Schokolade", lacht Kopp. Großzügig erlebt er auch einen prominenten Nachbarn, der schließlich in jenes Haus in der Nachbarschaft einzieht, in dem zuvor der stellvertretende Gauleiter von Tirol-Vorarlberg, Herbert Parson, gelebt hat: Émile Antoine Béthouart: Oberkommandierender der französischen Besatzungstruppen in Österreich und Hochkommissar. „Wir haben da so ein kleines Gatterle gehabt und dort haben wir oft und gerne hinausgeschaut. Und an den hohen Feiertagen ist der General immer mit seinem Renault vorgefahren – ein großer Wagen mit viel Chrom und der Trikolore als Standarte darauf", erzählt Kopp. Als Kind sei das alles für ihn sehr eindrucksvoll gewesen. „Dieser Béthouart war in meinen Augen ein ganz wunderbarer Mensch". Nicht nur, weil er das Winken der Kinder durch das Gatterle regelmäßig freundlich erwidert. Beim Haus des Generals befindet sich auch ein alter

Luftschutzbunker, der in den Kriegsjahren eingestürzt ist. Die Bedienung des Generals nutzt die Ruinen, um dort die Asche aus der Heizung zu entsorgen. „Und wir vier Buben, ich war damals vielleicht sieben oder acht Jahre alt, sind mit Schürhaken und Kohlenkübeln hinüber und haben die nicht verbrannten Koksstücke aus der Asche gewühlt". Béthouart muss das Treiben in seinem Garten beobachtet und seine Angestellten gefragt haben, wem diese Kinder gehörten. Eines Tages jedenfalls finden die Brüder nicht einen Haufen Asche, sondern einen ganzen Sack unverbranntes Koks im Bunker-Schutthaufen. „Da haben wir dann nicht mehr gewühlt, sondern nur noch eingefasst." Als Béthouart erfährt, dass die Mutter der Familie Kopp gut schneidern kann, darf sie für den General Hemden bügeln und Knöpfe annähen und erhält dafür im Tausch Lebensmittel.

Großen Eindruck auf den Buben macht außerdem ein anderer ehrenwerter Herr, der zu dieser Zeit in Igls seinen Lebensmittelpunkt hat: Erzherzog Eugen von Österreich, Feldmarschall der k.u.k.-Armee, ehemals Hochmeister des Deutschen Ordens, Großoffizier des Ritterordens vom Heiligen Grab zu Jerusalem und Großkreuz-Ritter. Der hochdekorierte Mann lebt zurückgezogen und empfängt nur dann und wann adeligen Besuch. Helmut Kopp erinnert sich, wie der Erzherzog – ein Hüne von Mann – bei Fronleichnamsprozessionen, mit Marschallhut und Ordensmantel, den der Föhn beeindruckend bauscht, würdevoll hinter dem Allerheiligsten herschreitet. Erst mit einigem Respektabstand folgen die anderen Teilnehmer der Prozession.

Das Leben in Igls ist Helmut Kopp als wunderschöner Lebensabschnitt in Erinnerung. Die Volksschule besucht er in Igls, die Hauptschule in der Leopoldschule in Innsbruck. „Wir sind immer mit der Igler Bahn in die Stadt gefahren. Bei der Mittelstation Tantegert haben wir Buben oft den Schulkollegen unsere Taschen gegeben und sind dann gegen die Bahn um die Wette gelaufen. Meistens waren wir vor ihr unten am Bahnhof", erzählt Helmut Kopp. Er selbst beschreibt sich als nie besonders guten Schüler. „Ich war sehr lernfaul. Trotzdem habe ich von meinem Vater, obwohl der Lehrer war, nie eine Ohrfeige bekommen, wenn ich einen 4er nach Hause gebracht habe." Bis dem Buben in der Schule der Knopf aufgeht, sollten noch einige Jahre vergehen.

Übersiedlung nach Telfs – das Leben als Bauer

Obwohl Helmut Kopp in Igls aufwächst, liegen die Wurzeln seiner Familie – sowohl väterlicher- als auch mütterlicherseits – im Tiroler Oberland. Die Mutter ist gebürtige Telferin, Hausname Balz. „Da bin ich sehr stolz darauf, dass ich ein halber Balz bin". Der Familienstammbaum der Kopp-Linie reicht noch weiter nach Westen: Haiming, Silz und Imst. Helmut Kopps Vater ist allerdings gebürtiger Innicher. Denn dessen Vater, Helmuts Großvater, war als Gendarm in der k.u.k.-Zeit nach Meran zum Dienst eingeteilt worden. Stolz ist Helmut Kopp auf ein altes Patrouillen-Büchlein seines Großvaters, das er sein Eigen nennt. Daraus geht unter anderem hervor, dass Großvater Kopp in Meran mit dem Vater des später legendären Bürgermeisters von Innsbruck, Alois Lugger, gemeinsam seine Rundgänge absolvierte.

Es ist mehr ein Zufall, dass Helmut Kopp in jene Gemeinde kommt, der er später für mehr als drei Jahrzehnte mit seinem politischen Wirken den Stempel aufdrücken wird: Ein Großonkel der Mutter, Adolf Schilcher, besitzt in Telfs eine Bauernschaft, hat allerdings keine Kinder, die den Betrieb übernehmen könnten. Und als dieser sich im fortgeschrittenen Alter nicht mehr darüber aus sieht, die Landwirtschaft weiterzuführen, übernimmt der Vater von Helmut Kopp gegen eine Leibrente von monatlich 800 Schilling, die er Adolf Schilcher zahlt, die Bauernschaft. Die Familie übersiedelt nach Telfs. Allerdings ist der Vater zu jener Zeit als Berufsschuldirektor in Innsbruck voll ausgelastet und so liegt es an der Mutter und den Kindern, den Betrieb in Schwung zu halten. 80 Apfelbäume, zwei Kühe, ein Ochs, ein paar Schafe und Schweine. „Ich hatte damals aber keine Ahnung vom Melken und musste erst bei Hans Seelos, vulgo Meingele, einen Melkkurs machen", erzählt Kopp, der sich wie ein Pionier fühlt, wenn er mit dem Ochsenwagen durch Telfs fährt. Oder vielmehr der Ochs mit ihm, weil das treue Tier „Wastl" eines Tages bei einer Ausfahrt plötzlich den nahen Inn wittert und sich wenig darum schert, welche Kommandos ihm der frischgebackene Jungbauer auf dem Kutschbock zu geben versucht. Über Stock und über Stein rast der Ochs mit Wagen und unerfahrenem Kutscher quer durch Telfs hinaus in Richtung Westen und hält erst an, als er die saftigen Gräser nahe des Flusses erreicht. Gut in Erinnerung hat Helmut Kopp auch die Kuh „Luise". „Die hat unglaublich große Zitzen am Euter gehabt. Und wenn du die mit so kleinen Händen melken musst, dann geht das nicht ohne Muskelkater", erzählt er. Wie das Melken richtig geht, lernt der Bursche in der Praxis von den örtlichen Bauern. „Die haben gesagt: ‚Du machst das falsch. Du musst erstens mit nacktem Oberkörper melken und du musst dich zuerst mit Milch anspritzen und einreiben, das nimmt den Muskelkater'." Vor dem Gang zur Schule gehört der Besuch im Stall von nun an zum fixen Tagesablauf. Dass er trotz Körperpflege den Stallgeruch nie ganz los wird, beschäftigt den jungen Mann zunächst nicht. „Ich habe gerochen wie ein Urbauer". Als ein Problem nimmt er das intensive Bauerndasein erst wahr, wie er registriert, dass sich die Mitschülerinnen von ihm abwenden, wenn er umgeben von einer Wolke Stallgeruchs die Klasse betritt.

Kindheit in Igls. Der kleine Helmut Kopp auf dem Tisch sitzend mit seiner Mutter inmitten seiner Geschwister

Bürgermeister Helmut Kopp (l.) bei den Tiroler Volksschauspielen 1982 mit Dietmar Schönherr (Mitte) und Landtagsabgeordnetem Franz Kranebitter

Die großen drei. Hans Liebherr, Landeshauptmann Eduard Wallnöfer und Bürgermeister Helmut Kopp (v.l.) bei der Eröffnung des Interalpenhotels

Als „lernfauler Schüler" ist Helmut Kopp froh, nach der Pflichtschule eine Lehre anfangen zu können. Er interessiert sich für den Beruf des Drogisten, findet aber zunächst keine Lehrstelle. Als er sich in einem kleinen Milchgeschäft im Telfer Obermarkt vorstellt, erteilt ihm der Besitzer, ein begeisterter Sozialdemokrat, eine Absage. „Einen Nazi-Buben nehmen wir nicht", bekommt Helmut Kopp, dessen Vater in der NS-Zeit Parteimitglied war, zu hören. „Ich habe dann aber das Glück gehabt, dass ich beim Theodor Frank Drogist lernen konnte. Und ich habe das mit Begeisterung gemacht." Er lernt bei Dr. Kurt Walde, dem bekannten Heimatkundler, Biologen und Geographen, und dieser motiviert ihn zu bis dato ungekannten schulischen Höchstleistungen. „Als Drogist habe ich mit lauter Einsern meinen Abschluss gemacht und war Landesbester bei der letzten Prüfung. Da hat mein Vater gesagt, dass es halt doch schade wäre, wenn ich nicht die Mittelschule und die Matura mache. Und so habe ich dann doch die Handelsakademie begonnen." Doch hier geht es wieder durchwachsen weiter. „Ich war nicht gut. Vor allem in Sprachen war ich sauschlecht". Die Matura schafft er letztlich doch und inskribiert anschließend an der Innsbrucker Universität, um Volkswirtschaft zu studieren.

Vom Erbsenzähler zum Bankdirektor

Zuvor aber leistet er seinen Präsenzdienst und anschließend verschlägt es ihn über das Programm der ÖKISTA (Österreichisches Komitee für Internationalen Studentenaustausch) nach Schweden, wo er beim Tiefkühlkostunternehmen Findus anheuert. In einem schicken grünen Mantel zählt er Erbsen und sortiert sie nach Größe und Härtegrad, protokolliert die Ernte der Mitglieder der Bauerngenossenschaft. Es ist ein anstrengender, aber dafür gut bezahlter Job. „Wir haben rund um die Uhr gearbeitet". Und der Lohn, 9000 Schilling im Monat, macht Lust auf mehr. Auf mehr Abenteuer und mehr Gelegenheiten, gutes Geld zu verdienen. Als Drogist hatte es Helmut Kopp wenige Jahre zuvor gerade einmal auf monatlich 800 Schilling gebracht. Also spielt der junge Mann mit dem Gedanken, in Schweden zu bleiben, und strebt eine berufliche Zukunft als Holzfäller an. Es ist schließlich ein Anruf seines Vaters, der ihn dazu bringt, doch nach Tirol zurückzukehren. „Mein Vater ist damals Berufsschullehrer und Berufsschuldirektor bei den Friseuren gewesen und hat mir eine Stelle als Lehrer angeboten", erinnert sich Kopp. „Und so bin ich dann halt doch wieder heimgefahren. Wie ich mit dem Zug über Kufstein reingefahren bin und aus dem Fenster unser schönes Tirol gesehen habe, da sind mir dann die Tränen die Wangen runtergelaufen."

Helmut Kopp findet sich im Lehrerberuf rasch zurecht. Er absolviert die Lehramtsprüfung und nimmt die von seinem Vater angebotene Stelle an. In den Schulferien fährt er nun nicht mehr nach Schweden, sondern ist während der Weihnachtsfeiertage bei Oberski in Kitzbühel als Skiverkäufer tätig. Die berufliche Zukunft scheint damit geregelt. Doch das Schicksal hat mit dem 25-Jährigen etwas anderes im Sinn.

Zu jener Zeit stehen die Zeichen in der Raiffeisenkassa Telfs auf Veränderung. Es gilt, einen neuen Geschäftsführer zu finden. Einige prominente Funktionäre, darunter bekannte Namen wie Waldhart, Föger und Prantl, sind mit Helmut Kopp gut befreundet und suchen das Gespräch. „Du hast doch die HAK gemacht, du könntest das. Warum wechselst du nicht zu uns?", fragen sie Kopp, der zu dieser Zeit bereits das Bestellungsdekret zum Berufsschuldirektor in Landeck in Händen hält. „Ich war wahnsinnig gerne Lehrer. Aber als Lehrer hat man 1300

Schilling verdient, in Schweden waren es 9000 und bei der Raika sollte ich 8500 Schilling bekommen", erzählt Kopp. Obwohl er vom Bankenwesen zu dieser Zeit noch wenig Ahnung hat, wagt er den Schritt und wechselt 1965 als 26-Jähriger von der Schule in die Raiffeisenkasse. „Von Vorteil war sicher, dass ich die HAK gemacht habe und noch für Volkswirtschaft inskribiert war." Er absolviert den Ausbildungslehrgang am Raiffeisensektor, besucht Fachschulungskurse und besteht die Geschäftsführerprüfung. Wieder zeichnet er sich als Kursbester aus. In der Bank beginnt Kopp damit, die Strukturen umzubauen. Die kleinen Raiffeisenkassen wie Oberhofen, Pfaffenhofen, Pettnau und Rietz werden fusioniert und neue Raiffeisenkassen gebaut. „Das ist relativ viel Arbeit gewesen und eigentlich wollte ich ja mein Studium fertig machen. Aber ich habe einsehen müssen, dass das so nicht mehr zu schaffen ist", erzählt Kopp. Er kehrt der Universität den Rücken und konzentriert sich voll und ganz auf seine Tätigkeit in der Raiffeisenbank. Um die Kräfte der Geschäftsführer gegenüber den mächtigen Funktionären im Raiffeisenverband zu bündeln, gründet Kopp die Geschäftsführervereinigung Tirols. Hier vernetzen sich die Raiffeisen-Geschäftsführer und treten als juristische Person auf. Als Obmann eines Proponentenkomitees trägt Kopp die Idee nach Wien und initiiert dort die Bundesvereinigung der Raiffeisen-Geschäftsführer. „Das funktioniert bis heute sehr gut und ich bin sehr stolz darauf, dass wir das damals gemacht haben".

Mit Politik hat der junge Mann bis dahin wenig Berührungspunkte. „Ich war in keiner Partei, auch weil mein Vater gemeint hat, dass das nix ist, wenn man an diese Sachen glaubt. So etwas würde zwangsläufig ins Chaos führen". Es sind schließlich der Obmann der Raiffeisenkassa und sein Aufsichtsrat, die Helmut Kopp ins Gewissen reden: „Du hast einen Traumjob, acht Mitarbeiter und Geld wie Mist", erinnert sich Kopp an die Reden der hohen Raiffeisen-Funktionäre. „Dabei haben die anderen Banken alle viel mehr gezahlt", lacht er. Jedenfalls sind die Raiffeisenleute in Telfs der Meinung, dass sich ihr junger Geschäftsführer doch etwas um das Gemeindegeschehen kümmern möge. Ein Drängen, dem Helmut Kopp schon bald nachgeben wird.

Erste Jahre in der Politik

Was die Beziehung der Kopps zur Gemeindepolitik anlangt, ist Helmut Kopp familiär gewissermaßen vorbelastet. Die Vorfahren väterlicherseits waren Kalkbrenner in Haiming und einer aus der Sippe, Helmut Kopps Urgroßvater Michael Kopp, übte zudem in Haiming die Funktion des Gemeindevorstehers aus. Allerdings nur so lange, bis es eines Tages in einer Kalkgrube zu einem tragischen Vorfall kam, bei dem der Amtsträger tödlich verunglückte. Ein Unfall, wie aus den Sterbedokumenten hervorgeht. Das allerdings glaubt Helmut Kopp nicht. Er will eine andere Version erfahren haben. „Das Bürgermeisteramt ist ein heikler Job und die Haiminger haben den Kopp nicht leiden können", erzählt er über seinen Urgroßvater. Und so sollen sie beim Kalkbrennen das ungeliebte Gemeindeoberhaupt kurzerhand in den gebrannten Kalk geschmissen haben – eine Warnung für jeden, der als Bürgermeister vergisst, das Ohr und das Herz bei den Gemeindebürgern zu haben, meint Helmut Kopp schmunzelnd.

Dem tragischen Ende seines Vorfahren zum Trotz entdeckt der junge Raiffeisendirektor die Lust an der Politik. Auf Drängen seiner Funktionäre im Raiffeisenverband wagt Helmut Kopp als 29-Jähriger den entscheidenden Schritt und kandidiert für die ÖVP bei der Gemeinderatswahl 1968. Er nimmt den vierten Platz auf der von

Franz Kranebitter angeführten Liste ein und schafft nur knapp den Einzug in den Gemeinderat: Lagen SPÖ und ÖVP bei der Wahl zuvor noch mit 7:7 Mandaten gleichauf, so gehen diesmal gerade einmal vier Mandate an die ÖVP, während die Sozialdemokraten ihre Mehrheit klar verteidigen können. Die vier ÖVPler haben einen schweren Stand gegen die SPÖ, und als Franz Kranebitter 1972 als Landtagsabgeordneter nach Innsbruck wechselt, soll Kopp als Oppositionsführer die Liste übernehmen und fit für die in zwei Jahren anstehenden Gemeinderatswahlen machen. Eine Aufgabe, bei der man scheinbar nicht gewinnen kann. „Wenn du so sagenhaft verliert wie wir 1968, dann ist es gar nicht so leicht, gute Leute auf die Liste zu bekommen", erinnert sich Helmut Kopp an diese Herausforderung, der er sich letztlich mit voller Energie stellt.

Kopp wirft die Wahlmaschinerie an, verschickt Briefe und Postwurfsendungen, stellt Wahlbroschüren zusammen und bemüht sich um prominente Unterstützer. „Ich habe mir dann gedacht, dass die Krönung meiner Wahlwerbung ein gemeinsames Foto mit dem Landeshauptmann wäre. Also bin ich nach Mieming gefahren, um mich einmal bei Eduard Wallnöfer vorzustellen, der mich bis dahin noch gar nicht gekannt hat". Der mächtige Landesvater begegnet dem jungen und unerfahrenen Listenführer der Telfer ÖVP zunächst mit einer Portion Skepsis und Kopp weiß auch, warum: „Der hat nämlich den damaligen Bürgermeister, Emil Achammer, nicht ungern mögen". Emil Achammer, ein Sozialdemokrat. „Was rechnest du dir denn aus", will Wallnöfer von Kopp wissen und dieser gibt sich bescheiden. „Wir sind von sieben Mandaten auf vier abgestürzt. Wenn wir jetzt zwei dazugewinnen, wäre es ein Erfolg", gibt Kopp ein realistisches Ziel aus – und bekommt sein Foto mit Wallnöfer.

Als Fasnachtsobmann lädt Bürgermeister Helmut Kopp (l.) gemeinsam mit den Herolden Landeshauptmann Eduard Wallnöfer 1980 zum Schleicherlaufen ein.

Viel zu besprechen haben Helmut Kopp (l.) und Landeshauptmann Eduard Wallnöfer in ihrer gemeinsamen politischen Zeit.

Die Wahl 1974 wird zur großen Überraschung für alle. Dem Team rund um Helmut Kopp, mit Leuten wie Arthur Thöni als Wirtschafts- und Finanzexperte auf der Liste, gelingen sechs Mandate. Für die absolute Mehrheit fehlen gerade einmal 25 Stimmen. Dank einer Listenkoppelung und mit Unterstützung der FPÖ schaffen die Schwarzen die Mehrheit im Gemeinderat. „Darüber bin selber unglaublich erschrocken", erinnert er sich. Vom Drogisten über den Lehrer zum Bankdirektor. Und plötzlich Bürgermeister. „In meiner Angst, dass ich das alles doch nicht schaffe, bin ich zum Landeshauptmann gegangen." Er spricht bei Wallnöfer vor und schüttet ihm sein Herz aus. „Erstens war mein Amtsvorgänger damals 49 Jahre alt, war Gemeindebeamter und ich habe mir gedacht, dass ich jetzt das Lebenswerk von ihm vernichte. Und weil ich das nicht wollte, habe ich Wallnöfer gesagt, dass ich eh nicht so fit bin und dass der Achammer doch erst einmal drei Jahre im Amt bleiben könnte. Bis dahin bin ich eingelernt und dann mache ich weiter". Wallnöfer will davon allerdings nichts hören: „Kommt gar nicht in Frage". Schließlich ist es Kopp mit der ÖVP gelungen, ausgerechnet im Gründungsort der Tiroler Sozialdemokratie die Genossen auf Platz zwei zu verdrängen – ein Erfolg, der freiwillige Abstriche geradezu verbietet. Wallnöfer bestellt Kopp und Achammer in den Tiroler Hof zum Krisengespräch. „Ja, Achammer, was willst du denn machen?", fragt er den abgewählten Bürgermeister. „Willst du bei mir in der Verwaltung etwas tun?" Achammer lehnt ab und macht klar, dass er auch nicht unter Kopp in der Gemeinde dienen möchte. „Das hat er wirklich so zum Landeshauptmann gesagt", erzählt Kopp. Schließlich findet sich doch eine Lösung: Weil bei der Timmelsjoch-AG gerade der Geschäftsführerposten neu zu besetzen ist, bekommt Achammer die Stelle. Als „Lex Achammer" bezeichnet Kopp die Tatsache, dass zu jener Zeit auch die Regelung des Anspruchs auf eine Bürgermeisterpension geändert wurde. Waren bis dahin Gemeindechefs erst nach drei Gemeinderatsperioden bezugsberechtigt, so wurde das auf zwei Perioden verkürzt. „Achammer war finanziell versorgt und ich habe es dann eben doch gemacht". Am 19. April 1974 wird Helmut Kopp Bürgermeister der Marktgemeinde Telfs. Der politische Umbruch gefällt jedoch einigen nicht: Kurz nach Amtsantritt bekommt der neue Ortschef in Mafia-Manier eine Patrone zugeschickt. Doch Kopp lässt sich nicht einschüchtern. Zu groß sind die Herausforderungen, die es im Sinne der Bevölkerung zu bewältigen gilt. Die Patrone wird als Talisman den Bürgermeisterschreibtisch bis zum Ende seiner Amtszeit 2004 schmücken.

Der Niedergang der Textilindustrie

180 Jahre lang lebte die Gemeinde Telfs gut von und mit den alteingesessenen Textilunternehmen. Jenny und Schindler, Pischl oder auch Elsinger galten als Institutionen und verlässliche Arbeitgeber, auch wenn die Textilindustrie über die Jahrzehnte immer wieder Höhen und Tiefen erlebte. Als Heeresversorgungsbetriebe statteten die Telfer Unternehmen im Ersten und Zweiten Weltkrieg die Soldaten aus und nach dem Krieg fertigten sie Uniformen für Post, Bundesheer und Bahn. „Schindler war einer der kompaktesten Textilbetriebe, wo die Produktion von der Rohwolle bis zum fertigen Tuch lief", erzählt Helmut Kopp. „Bei Jenny und Schindler oder bei Pischl einen Arbeitsplatz zu bekommen, war ein Privileg und die Unternehmer genossen großes Vertrauen bei der Belegschaft. Als Bankmann habe ich festgestellt, dass die Arbeiter ihr Erspartes nicht auf die Bank gebracht, sondern direkt beim Fabrikanten aufs Sparbüchl gelegt haben". Ganze Familien arbeiten im Schichtbetrieb und

die Kultur der Fabrikarbeiter prägt das Gemeindeleben: Der katholische Arbeiterverein spielt in seinem Vereinshaus Theater oder veranstaltet Literaturkreise. Helmut Kopp weiß um den Wert der Unternehmen und pflegt die guten Beziehungen zu den Eigentümern. „Mich hat das immer gestört, wenn man die Textilindustrie runtergebügelt hat." Sein gutes Verhältnis zu den Industriellen hilft Kopp bei einer der ersten großen Aufgaben seiner Amtszeit: der Sicherung der Wasserversorgung.

Gerade einmal 20 Prozent der Wasserrechte befinden sich zu jener Zeit im Besitz der Gemeinde. „In heißen Sommern war der Hochbehälter oft leergetrunken", sagt Kopp. Und das, obwohl Telfs an und für sich über mehr als genügend Quellen verfügt. Diese befinden sich aber im Besitz der Industriebetriebe, die neben der Arbeitskraft Unmengen von Wasser für die Produktionsprozesse, die Stromgewinnung und den Antrieb der Maschinen benötigen. Zwar öffnen die Industriellen bei Wassermangel unentgeltlich die Schleusen für die Gemeinde, die Abhängigkeit bei einem derart kostbaren Grundversorgungsgut behagt dem Bürgermeister aber nicht. Obwohl Kopp die Gemeinde mit einem Verschuldungsgrad von 100 Prozent übernimmt, erkennt er die Chance, als sich die Möglichkeit ergibt, die Wasserkräfte und Wasserrechte zur Gänze für die Gemeinde zu erwerben. „Wasserbehälter und Hochbehälter sind in meiner Amtszeit verzwanzigfacht worden. Heute betreiben wir sechs E-Werke, haben Riesenbehälter, liefern Beschneiungswasser nach Seefeld und Trinkwasser von Seefeld nach Mösern", erzählt Kopp stolz. Und diesen Investitionen zum Trotz gelingt es letztlich, den Verschuldungsgrad der Gemeinde bis zur Amtsübergabe an seinen Nachfolger Stephan Opperer 2004 auf unter 50 Prozent zu halbieren.

Im Laufe der Zeit geht es mit der Textilindustrie stetig bergab. Mit den 1970er-Jahren kündigt sich eine Krise an, an deren Ende letztlich das Aus für die große Textilindustrie in Tirol und Vorarlberg steht. „Wenn plötzlich 260 Millionen Schilling Lohnsumme weg sind, dann kann man sich ausrechnen, was da für ein Dominoeffekt in Gang kommt: Händler und Dienstleister verlieren Konsumenten und die Arbeitslosenrate schießt in die Höhe". Tatsächlich drohen Mitte der 70er-Jahre rund 70 Prozent der Arbeitsplätze in Telfs wegzubrechen. Kopp erkennt das Problem – und mit ihm sein SPÖ-Vizebürgermeister Alfons Kaufmann. „Da ist es mit dem Politisieren im Gemeinderat auf einmal ganz schnell vorbei gewesen und wir haben uns gesagt, dass wir jetzt schauen müssen, wie wir über die Runden kommen". ÖVP und SPÖ wissen, dass sie sich in so einer Situation keine großen Differenzen leisten können, und ziehen an einem Strang. Gemeinsam leiten sie einen großen Strukturwandel ein. 300.000 Quadratmeter Grundstücke und 1,4 Millionen Quadratmeter Wald, die sich vorwiegend im Besitz der Textilindustriellen befinden, drohen auf dem freien Markt zum Spielball von Spekulanten zu werden. Die Gemeinde kauft die Gründe und behält so die Kontrolle über die weitere Verwertung und Nutzung.[1] Heimische Gewerbetreibende und Wohnbaugesellschaften kommen so unter dem wachsamen Auge der Gemeinde zu Grundstücken. Aber auch Gemeindebürger, die, um einen Arbeitsplatz in einer der großen Fabriken zu bekommen, seinerzeit Grundstücke als eine Art Mitgift den Fabrikanten überschrieben hatten, bekommen die Gelegenheit zum Rückkauf. Bestehende Fabriksgebäude werden einerseits von Industriellen wie Arthur Thöni übernommen und ausgebaut, andererseits ebenfalls von der Gemeinde aufgekauft, umgebaut und selber genützt. So wird aus dem ehemaligen Firmensitz von Jenny und Schindler die Musikschule der Marktgemeinde. Telfs wandelt sich über die Jahre von einer Gemeinde der Textilindustrie zu einer der Metallindustrie. Bis zum Jahr 1980 lassen sich im Industriegebiet Hag 26 Betriebe nieder.[2] Darunter einer, der von der Landes- und Gemeindepolitik einerseits hofiert, andererseits freundlich, aber bestimmt überzeugt wird, in Telfs und Tirol als Standort für seine Betriebe zu investieren: der deutsche Industrielle Hans Liebherr.

Liebherr-Werk und Interalpenhotel Buchen

„Der Polier vom Liebherr wartet im Vorzimmer", berichtet ein aufgeregter Toni Mussack, Amtsleiter der Gemeinde Telfs, seinem Chef. Helmut Kopp bittet den Gast in sein Büro. Der Mann von imposanter Größe und mit bescheidenem Auftreten korrigiert die Meldung von Amtsleiter Mussack und stellt sich Kopp als Hans Liebherr höchstpersönlich vor. Der gebürtige Allgäuer ist mit seinen Erfindungen und Entwicklungen auf dem Sektor der Baumaschinen und -kräne zu einem erfolgreichen und weltweit tätigen Unternehmer avanciert. Nun, Mitte der 70er-Jahre, plant der Firmengründer den Rückzug aus dem operativen Geschäft und will sich auf die strategische Unternehmensführung konzentrieren. Dabei hegt der 60-Jährige seit einem Tirol-Urlaub in seiner Kindheit einen großen Traum, den er nun endlich realisieren will. Liebherr trägt Kopp sein Anliegen vor und kann den Bürgermeister für seine Vision gewinnen: ein Luxushotel auf der Buchener Höhe.

„Mir war bewusst, dass ich als Bürgermeister alleine die Raumordnung nicht machen kann und dass wir die Unterstützung des Landes brauchen werden". Es folgt ein Anruf bei Landeshauptmann Eduard Wallnöfer. Und weil der gerade zu Hause in Barwies ist, setzen sich Kopp und Liebherr ins Auto, um auch Wallnöfer von der Idee zu überzeugen. „Der Wallnöfer hat gewusst, dass dieses Land Tirol seine Leute nicht von der Sozialhilfe ernähren kann, sondern dass es Arbeitsplätze braucht". Wallnöfer erkennt die Chance, sieht aber auch die Problematik, es in einem Tourismusland wie Tirol mit starker Lobby in der Tourismuswirtschaft einem Deutschen zu genehmigen, so mir nichts, dir nichts ein 700-Betten-Hotel hinzustellen. Noch dazu in unmittelbarer Nähe der Tourismushochburg Seefeld. „Ja, da tue ich mir schon blutig hart", sagt Wallnöfer, lässt aber recht unverblümt erkennen, dass er trotzdem Möglichkeiten sieht, das Hotelprojekt doch zu verwirklichen. „Wir könnten hier in Tirol eine Fabrik brauchen." Liebherr antwortet, dass er ohnehin auf der Suche nach einem neuen Standort für ein Werk ist, und man beschließt, die Pläne bei einer Klausurtagung der ÖVP im Inntalerhof in Mösern zu konkretisieren. Als sich dort der Unternehmer festlegt, in Telfs eine Fabrik bauen zu wollen, wiegelt Wallnöfer zunächst ab, deutet in Richtung Oberland und sagt zu Liebherr: „Da im Nebel liegt Stams, danach kommt Imst. Hier sollten Sie es einmal probieren. Und wenn das nicht geht, dann ist da auch noch Landeck." „Ich wäre fast beim Inntalerhof vom Balkon gefallen", erinnert sich Kopp. Doch zum Glück für Telfs zeigen die Imster wenig Interesse an einem Liebherr-Werk. „Für Bürgermeister Adolf Walch, ein unheimlich netter Mensch, war die Vorstellung von Industrie und einer Fabrik in seiner kohlrabenschwarzen Gemeinde eine fürchterliche Vorstellung. Er war der Meinung, dass es dann nicht lange dauern würde, bis Imst rot umgefärbt würde". Also versucht Liebherr sein Glück in Landeck. Weil dort aber zu wenig Flächen für das Vorhaben zur Verfügung stehen – benötigt werden etwa 120.000 Quadratmeter –, kehrt er auch von dort ohne Erfolgsmeldung zurück und berichtet Wallnöfer. Erst dann steht fest, dass die Fabrik in Telfs gebaut werden soll, und Helmut Kopp erhält grünes Licht für die notwendigen Grundstücksverhandlungen. Und diese gestalten sich schwierig.

36 Jahre sitzt Helmut Kopp im Telfer Gemeinderat. 30 Jahre davon leitet er als Bürgermeister die Sitzungen.

Für Anliegen der Glaubensgemeinschaften in Telfs hat Helmut Kopp als Bürgermeister immer ein offenes Ohr.

Beraten und betreut von den Experten des Landes, darunter ein gewisser Wendelin Weingartner in der Abteilung Raumordnung, beginnt für Kopp ein wahrer Verhandlungsmarathon, um den Grundstückseigentümern von über 200 Parzellen entsprechende Ersatzflächen schmackhaft zu machen. Nur so ist es möglich, die benötigte Gesamtfläche für das geplante Raupenwerk zu formen und die Betriebsansiedlung in trockene Tücher zu bekommen. Insgesamt sind es 204 Grundverhandlungen und Dreieckstausche, die an den Nerven aller Beteiligten zehren. „Es waren ganz furchtbare Verhandlungen und die Bauern haben ihre Grundstücke besser gemacht, als sie in Wirklichkeit waren", erinnert sich Kopp. Einer von ihnen war der Gappn Toni. „Der hat es geliebt, lange zu verhandeln, und war bekannt dafür, langsam zu reden." In einer dieser Sitzungsnächte liegt dem Bauern das Angebot für ein ortsnahes und damit günstiger gelegenes Feld als Tausch für ein von der Gemeinde benötigtes Grundstück auf dem Verhandlungstisch. „Um vier Uhr in der Früh hat er dann gesagt, dass ihm die Lage schon passen würde. Allerdings glaube er aber auch, dass da ein ganz ein spitziges Gras wächst. Da hätte ich ihn am liebsten erwürgt, meinen Freund, den Toni", lacht Kopp. Die zwei Männer steigen also noch vor dem ersten Morgengrauen ins Auto, fahren zu besagtem Feld und leuchten es mit den Scheinwerfern des Fahrzeuges aus. „Der Toni ist dann ganz langsam da hinuntergegangen, hat die Flächen genau geprüft und ist zum Schluss gekommen, dass das Grasl eigentlich doch besser ist, als er gemeint hat." Gappn Toni unterschreibt – ein weiterer Mosaikstein im mühseligen Verhandlungspuzzle hat seinen Platz gefunden. Am Ende der unzähligen Gespräche ist die benötigte Fläche beisammen und Landeshauptmann Wallnöfer zollt Kopp Respekt für dessen Leistung: „Jetzt hast du dir den Ökonomierat verdient." 1976 nimmt das Werk seinen Betrieb auf und die erste Liebherr-Planierraupe geht vom Band. 1978 folgt mit der ersten hydrostatisch angetriebenen Laderaupe eine Innovation. Heute umfasst die Produktpalette sechs Planierraupentypen, drei Laderaupenmodelle, verschiedene Teleskopladertypen sowie Sondergeräte wie Rohrleger und Schweißraupen für den Pipelinebau. 520 Männer und Frauen sind derzeit im Telfer Liebherr-Werk beschäftigt.[3]

Jetzt soll es aber endlich an die Umsetzung des Hotelprojektes gehen. Beim gemeinsamen Lokalaugenschein auf der Buchener Höhe schreitet Hans Liebherr, der großgewachsene Mann, durch den ersten Schnee in der herbstlichen Landschaft und Helmut Kopp fällt es schwer, mit ihm Schritt zu halten. „Da!", ruft er plötzlich aus. „Und ich habe mir nur gedacht, ‚was will er denn da in der Einöde?'" Wieder folgen zahllose Verhandlungen. Debatten um Dimensionen, Kubaturen und ein Architektenwettbewerb zögern die Umsetzung hinaus. Schließlich gibt das Land grünes Licht für die Widmung von 130.000 Quadratmetern für das Interalpenhotel auf der Buchener Höhe. Die Bagger stehen schon bereit, doch im Grundbuch steht Hans Liebherr nach wie vor nicht. Gemeinsam mit Helmut Kopp stattet er Landeshauptmann Wallnöfer einen Besuch ab. „Herr Landeshauptmann", beginnt Kopp, „jetzt hat er alles gemacht, die Fabrik läuft, er hat Millionen investiert und jetzt will er endlich sein Hotel bauen", springt Kopp für den Unternehmer in die Bresche. „Ja", antwortet der Walli, „ich tue mir immer noch blutig hart. Leichter täte ich mich, wenn Sie noch eine Fabrik bauen". Helmut Kopp fällt vor Schock beinahe vom Stuhl und erwartet einen Zornesausbruch von Liebherr. Doch der fragt nur: „Ja, wo? Wo wollen Sie die?" „Ja, in Osttirol", antwortet Wallnöfer. Mit dem Osttiroler Landesrat Fridolin Zanon fährt Liebherr nach Lienz und man wird sich schnell handelseins. Hier soll eine Fabrik für Kühl- und Gefriergeräte mit bis zu 1600 Arbeitsplätzen entstehen. „Wenn ich es tauschen hätte können, wäre mir das natürlich lieber gewesen, weil wir für die verlorenen Frauenarbeitsplätze der Textilindustrie mit der Metallverarbeitung nicht einen gleichwertigen Ersatz geschaffen haben. Aber es war ein Glück für Osttirol und es sei ihnen auch gegönnt". 1980 wird das Werk in Osttirol gegründet, 1981 findet die feierliche Grundsteinlegung in Telfs für das Interalpen-Hotel statt. Die Bauarbeiten dauern vier Jahre.

Die Eröffnung des Hotels am 29. Juni 1985 wird mit Pauken und Trompeten gefeiert. In den Hintergrund gerückt scheinen die Querelen rund um die Genehmigung und den Bau des Hotel-Komplexes. Nur die Tatsache, dass einer der vier Konferenzräume statt wie geplant „Saal Seefeld" doch kurzerhand schlicht „Video-Raum" getauft wurde, und das Fernbleiben der ursprünglich angekündigten Musikkapelle Seefeld lassen erahnen, wie umstritten das Fünf-Sterne-Hotel in der Region ist. Umweltschützer hatten massiv gegen das Vorhaben mobil gemacht, Bau- und Raumordnungsexperten ihre Bedenken ausgedrückt. Für Unruhe sorgt das Projekt vor allem auch bei den Seefelder Hoteliers, die im Interalpen nicht einen Impulsgeber für das Plateau, sondern eine neue Konkurrenz im Kampf um Gäste sehen. Kritische Stimmen sind am Tag der Eröffnung wenn, dann nur hinter vorgehaltener Hand zu hören. „Komfort nur von der Natur umgeben" lautet ein Werbeslogan des Interalpen. 269 Apartments, sechs Panoramasuiten und 25 Einzelzimmer bieten bis zu 700 Gästen Platz für Erholung und Entspannung auf höchstem Niveau. Das Schwimmbad mit seinen 50 Metern ist doppelt so lang wie jenes der Marktgemeinde Telfs. Und natürlich wurde ebenso an eine hauseigene Tennishalle gedacht wie an eine Tiefgarage, in der alle Autos Platz finden. Die Baukosten werden auf eine Milliarde Schilling geschätzt. „Ein Projekt, vom Land geprüft und genehmigt", wie Kopp betont. Hans Liebherr, endlich am Ziel seiner Träume, will möglichst vielen der Beteiligten für das gelungene Einweihungsfest danken. Er dreht beim Mittagessen die Speisekarte um und beginnt damit, großzügig Spendenbeträge für die Vereine zu notieren. „Insgesamt eineinhalb Millionen Schilling hat er an die Vereine verteilt. Die Schützen, die Musikkapelle. Unseren Dekan hat er gerne gemocht, dem hat er die halbe Orgel gezahlt", denkt Kopp an jenen Tag zurück. Dass die Telfer Feuerwehr ohne passende Drehleiter im Brandfall nicht viel ausrichten kann bei der Höhe des Hotels, leuchtet dem Unternehmer außerdem ein – und er bezahlt den Florianijüngern die halbe Drehleiter. Zu Ehren des Spenders erhält sie den Namen „Langer Hans". Neben dem Ehrenzeichen des Landes bekommt Liebherr auch jenes der Marktgemeinde Telfs verliehen. Und an der Zufahrtsstraße zum Hotel wird eine 120 Kilogramm schwere Bronzetafel enthüllt, die Auskunft über den Namen der neuen Straße gibt: Dr.-Hans-Liebherr-Alpenstraße.

Neue Heimat für die Volksschauspiele

Blasphemisch und pornografisch soll es sein. Jenes Stück, das Felix Mitterer 1982 bei den zweiten Volksschauspielen in Hall aufführen möchte. Nachdem der Haller Bürgermeister Josef Posch das Stück gelesen hat, fürchtet er einen Skandal und lehnt aus diesen Gründen eine Aufführung ab. „Sie wollten aber auch nicht ‚Kaiser Joseph und die Bahnwärterstochter' von Fritz von Herzmanovsky-Orlando aufführen, was der Kurt Weinzirl machen wollte. Weil der Bürgermeister das Stück gelesen hat und nicht lachen konnte", erzählt Felix Mitterer beim Zeitzeugengespräch mit Helmut Kopp im Casino

Innsbruck. Das Team der Volksschauspiele will sich aber nicht vorschreiben lassen, was aufgeführt werden darf und was nicht, und man begibt sich auf Herbergssuche. Innsbruck, die liberale Landeshauptstadt, lehnt ab, eine Übersiedlung nach Wörgl kommt ebenso wenig zustande wie jene nach Wien, nachdem Volkstheater-Direktor Paul Blaha eine entsprechende Einladung ausspricht. Der Volkskundler Wolfgang Pfaundler gibt dem Ensemble schließlich den entscheidenden Tipp: „Geht's doch nach Telfs zum Kopp". „Und dann sind wir eben raufgefahren zu dir und zum Kulturreferenten Emil Ladstätter. Und ihr habt gesagt: ‚Jaja, das machen wir'. Und wir waren ganz von den Socken, nachdem wir an so vielen Orten waren und überall abgelehnt wurden", erzählt Mitterer. Das Angebot Mitterers, zuvor noch das umstrittene Stück zu lesen, bevor die Zusage bindend wird, lehnen Kopp und Ladstätter ab. „Ihr habt nur gesagt, dass ihr das nicht lesen braucht und dass das schon gut sein wird und dass ihr da keine Zensur machen wollt". Die Volksschauspiele haben in Telfs Asyl bekommen.

„Natürlich habe ich es dann gelesen", erinnert sich Helmut Kopp. Und zwar während zwei Saunagängen. „Ich habe alle Mitterer-Stücke gelesen. Ich möchte aber nicht der sein, der als Landbürgermeister der Obergescheite ist und auch noch die Kultur beeinflusst und sagt, was ein Blödsinn ist und was nicht". Kopp erkennt kein Problem darin, das Stück in Telfs aufführen zu lassen. Doch Martin Humer, der als selbst ernannter „Pornojäger" österreichweit zu zweifelhaftem Ruf gekommen ist, verschreibt sich dem Kampf gegen die Aufführung des Stücks, veranstaltet eine Prozession und zieht eine Stunde lang betend mit geistlichen Schwestern unter dem Telfer Kloster vorbei. „Er hat alle aufgeregt, weil er Zitate aus dem Zusammenhang gerissen und verschickt hat", erinnert sich Mitterer. „Es war zwar nicht unbedingt fein, aber im Endeffekt eine Riesenwerbung für uns", fügt Kopp hinzu. Der Unmut ultrakonservativer Kreise sprengt jedoch bald das Maß der zulässigen Kritik. Kopp erhält Schreiben, in denen er und seine Familie bedroht werden: Man werde sein Haus anzünden.

Es sind vor allem zwei Szenen des Stückes *Stigma*, die im Vorfeld für Aufregung sorgen. „Wie die Moid, unglaublich gespielt von der Krista Posch, in ihrer Nichtaufgeklärtheit und vielleicht auch ein bisschen einfältig ihren Menstruationsschmerz und ihr Blut gläubig dem Jesus Christus aufopfert und sagt, dass sie für ihn leidet – das habe ich unglaublich schön gefunden", erzählt Kopp. Einen leichten Anflug von Bedenken hat er bei dem Part mit der Teufelsaustreibung. „Wie da der Tuifl auf einmal in den Prälaten reinfährt, da habe ich gewusst, dass das die Kirche nicht gerne sehen wird". Kopp erinnert sich an einen Bischofsbrief, den Innsbrucks Diözesanbischof Reinhold Stecher damals zum Thema Kultur und Verantwortung der Kulturschaffenden veröffentlicht hat. „Die Bürgermeister hat er da aber nicht reingeschrieben", schmunzelt er.

Es kommt zur Aufführung von *Stigma* und getreu dem Spruch, dass angekündigte Revolutionen nicht stattfinden, bleibt der erwartete Skandal aus. Als „Bombenerfolg" bezeichnet Helmut Kopp die erste Ausgabe der Volksschauspiele in Telfs. „Ich war und bin auch immer stolz auf Telfs. Weil es gibt ja langweilige Gemeinden. Telfs ist aber immer spannend". Durch die Volksschauspiele gelingt es, das bis dahin nicht immer positive Außenbild von Telfs deutlich zu verbessern, ist Kopp überzeugt. „Ich glaube, dass Telfs durch die Volksschauspiele, die Konzertreihe Interregional, den Kreis für Kultur und Bildung und durch die regionale Musikschule gemeinsam mit ganz vielen anderen Dingen ein anderes Image bekommen hat". Dass die Bevölkerung den Trubel rund um die *Stigma*-Aufführung relativ gelassen genommen und die Volksschauspiele so gut aufgenommen hat, macht ihn heute noch stolz. „Ich glaube, das liegt daran, dass wir eine Fasnachtsgemeinde und eine nicht so eine monostrukturierte Gemeinde sind". Die Volksschauspiele bleiben in Telfs. Die leeren Fabriksräume bieten sich als Spielstätten an und werden von den Schauspielern nach dem Zusammenbruch der Textilindustrie neu belebt. Die Reihe außergewöhnlicher Aufführungsorte lässt Hall und das Ambiente der Burg Hasegg schnell vergessen. Heute sind die Volksschauspiele ohne Telfs und ist Telfs ohne die Volksschauspiele nicht mehr vorstellbar.

Neue Telfer, neue Aufgaben

Mitte der 1960er Jahre schließt Österreich das sogenannte Anwerbeabkommen mit der Türkei. Das Ziel: Türkische Gastarbeiter sollen in Zeiten der boomenden Wirtschaft den Mangel an heimischen Arbeitskräften in Österreich wettmachen. In Telfs nutzt vor allem die Textilindustrie die Möglichkeit, die vergleichsweise günstigen Arbeiter zu beschäftigen. „Auf einmal waren sie da. 20 Türken, die im Mädchenheim untergebracht waren", erinnert sich Helmut Kopp. Vertreter der Bundeswirtschaftskammer sind in der Türkei vor Ort, um Fremdarbeiterkontingente für die Textilfabrikanten zusammenzustellen. So kommen die ersten Arbeiter aus Anatolien nach Telfs. „Auch wenn andere heute behaupten, dass ich das aktiv betrieben habe – die Gemeinde selber hat aber keinen einzigen Türken geholt", betont er.

Bald wird klar, dass viele sogenannte Gastarbeiter nicht einen begrenzten Zeitraum in Österreich bleiben, sondern sich hier ein neues Leben aufbauen wollen. Doch nicht nur der Zuzug der türkischen Arbeiter, die schließlich ihre Familien nachholen, auch jener aus den Umlandgemeinden stellt die Telfer Gemeindeführung bald vor Herausforderungen: Der Wohnraum wird knapp. Mit dem Ausbau der Infrastruktur steigt die Lebensqualität in der Oberländer Marktgemeinde und Telfs gewinnt an Attraktivität. So kommt es, dass Mitte der 1970er-Jahre die Liste derer, die sich mit Unterstützung der Gemeinde leistbaren Wohnraum schaffen wollen, immer länger wird. Kopp stößt eine Wohnbauoffensive an, die das Bild der Marktgemeinde bis heute prägt. „Als wir angefangen haben, haben wir 600 Wohnungssuchende gehabt. Weil wir außer der Südtirolersiedlung nichts hatten. Und nachdem ich selber ein Arme-Leute-Bua bin, war es mir wichtig, dass der normale Arbeiter, der nicht gerade wahnsinnig viel verdient und zwei, drei Kinder hat, zumindest die eigene Haustüre zumachen kann." Gemeinsam mit den Bauträgern setzen die Telfer Gemeindepolitiker den Mietkauf auf Eigentum um. „Das haben die Leute erst gar nicht glauben können, dass sie nach zehn Jahren im Eigentum sind und durch dieses System des Mietkaufs nur zehn Prozent Mehrwertsteuer bei der Miete haben. Und dann fällt sie weg, wenn sie im Eigentum sind. Im Endeffekt sparen sie sich 13 Prozent der Investitionskosten", erklärt Kopp. Auch was die Vergaberichtlinien an Einheimische und türkische Bürger betrifft, macht sich die Politik ihre Gedanken. „Für mich wäre es ein Horror gewesen, einen Block zu bauen und dort alle Wohnungen nur an die Türken zu vergeben. Diese Meinung hat es aber damals durchaus auch gegeben. Aber so funktioniert Integration nicht und wir hätten ein Berliner Kleinkreuzberg in Telfs gehabt." Einstimmig beschließt der Gemeinderat, das Verhältnis des Fremdarbeiteranteils in der Bevölkerung auch bei den Wohnungsvergaben zu berücksichtigen, um damit eine Spaltung der Gesellschaft zu verhindern und das friedliche Miteinander zu fördern. Durch die langsam wegbrechende Textilindustrie werden riesige Grundflächen frei, die sich die Gemeinde sichert, um das Ruder bei der Schaffung von Wohnraum nicht aus der Hand zu geben.

Die Wohnbaupolitik bringt Helmut Kopp allerdings auch einige Kritik ein und seine Gegner werfen ihm vor, diese zu expansiv zu betreiben. Als 1974 eine Bürgerinitiative 1400 Unterschriften gegen die Zerstörung des Ortsbildes sammelt und damit gegen einen von der „Neuen Heimat" geplanten und noch unter Kopps Vorgänger Emil Achammer genehmigten überdimensionalen Wohnblock in der Arzbergstraße demonstriert, schenkt die Gemeinde dem gemeinnützigen Wohnbauträger 12.500 Quadratmeter Grund. Durch die Schenkung steht dem damaligen Neue-Heimat-Chef Josef Thoman mit einem Mal mehr Grund für die 133 geplanten Wohneinheiten zur Verfügung. Mit dem Ergebnis, dass die Baudichte von ursprünglich 1,1 auf 0,65 sinkt. Der Wohnpark Moos, Lumma, Schlichtling, Sonnensiedlung, Puite und Weinberg stehen für unter Kopp realisierte Wohnbauprojekte. Eine 70-Prozent-Klausel schreibt fest, dass mindestens 70 Prozent heimischer Bedarf bestehen muss, bevor ein Vorhaben realisiert wird.[4]

Helmut Kopp lebt das Bürgermeisterdasein. „Es ist ein Ochsenjob. Mindestens ein 12-Stunden-Arbeitstag, bei dem alle Viertelstunden etwas anderes zu tun ist. Und wenn ich einmal auf dem Zahnfleisch dahergekommen bin, dann bin ich entweder in den Kindergarten gegangen oder zur Lebenshilfe, die ich in Telfs ja auch gegründet habe, oder ins Altersheim". Dort freut man sich jedes Mal über den hohen Besuch. „Hier haben immer alle gestrahlt und gelacht und das habe ich zur Aufmunterung gebraucht". Bei einem dieser Rundgänge hört Kopp eines Tages beim Altenwohnheim am Wiesenweg türkische Gebetsrufe. Von Natur aus ein neugieriger Mensch, folgt er den Rufen und steht schließlich vor einer Remise, in der etwa 60 Türken dicht gedrängt ihr Freitagsgebet abhalten. Kein würdiger Ort für die Ausübung des Glaubens, wie Kopp findet. „Ich bin, glaube ich, kein bigotter Mensch, aber für unsere römisch-katholische Kirche habe ich mich immer sehr eingesetzt." Große Renovierungen der Kirchen im Ort fallen ebenso in seine Amtszeit wie die Errichtung der Auferstehungskirche St. Georgen oder der Bau des sozialpastoralen Zentrums Heilig-Geist am Schlichtling. Nicht zuletzt für die Unterstützung dieser Projekte erhält er 1993 für die vorbildliche Zusammenarbeit zwischen Kirche und Gemeinde die höchste päpstliche Auszeichnung für Laien, den Orden „Pro Ecclesia Pontifice", und 2002 den päpstlichen Silvester-Orden von Bischof Alois Kothgasser.[5]

Kopp ist allerdings der Meinung, dass nicht nur die römisch-katholische Kirche die Hilfe der Gemeinde verdient, sondern auch die anderen Glaubensgemeinschaften. Die Zeugen Jehovas unterstützt die Telfer Kommunalpolitik beim Bau eines Saales, und die evangelische Kirche findet beim Bürgermeister und dem Gemeinderat ebenfalls stets ein offenes Ohr. „Ich war der Auffassung, dass man den Türken islamischen Glaubens auch dabei helfen sollte, ihre Religion in einem würdigen Rahmen auszuüben".

Bei der Eröffnung der ersten Moschee 1987 ist Helmut Kopp Ehrengast und nimmt gemeinsam mit Dekan Franz Saurer an den Feierlichkeiten teil, was teilweise auf Unverständnis stößt. So erhält er deswegen einen anonymen Brief, in dem „ein Steintiroler" schriebt: „Ich finde euch sagenhaft charakterlos und blöd. Mit welchem Recht züchtet ihr Khomeini-Narren auf Tiroler Boden?"[6] Mit dem ehemaligen Rettungsheim am Giessenweg wird schließlich eine passende Immobilie für eine weitere Moschee gefunden und adaptiert. 1998 findet die feierliche Eröffnung der Eyüp-Sultan-Moschee statt. Sie wird in der Amtszeit von Kopp-Nachfolger Stephan Opperer für Schlagzeilen weit über die Landesgrenzen hinaus sorgen: 2005 beantragt dort die türkische Islamische Union für Kulturelle und Soziale Zusammenarbeit in Österreich, kurz ATIB, die Genehmigung für einen 20 Meter hohen Gebetsturm. Er wird letztlich nach heftigen Debatten 2006 mit einer Höhe von 15 Metern errichtet.

Durch seinen Einsatz für ihre Anliegen genießt Helmut Kopp bei den Telfer Muslimen hohes Ansehen. „Dich verehren die türkischen Mitbürger wie einen Patriarchen. Wie einen Paten im besten Sinne", bestätigt etwa Felix Mitterer beim Zeitzeugengespräch. Für Kopp ist der unbelastete Umgang mit den türkischstämmigen Telfern eine Selbstverständlichkeit: „Das sind an und für sich alles sehr fleißige Leute. Ich weiß, wenn ich bei Arthur Thöni bei Firmenfeiern eingeladen bin, dann gibt es dort Leute aus der Türkei, die seit 40 Jahren bei ihm arbeiten und heute in leitender Position sind. Sie haben uns eigentlich auch viele Arbeitsplätze gesichert und uns weitergebracht". Dass es unter den Telfern nach wie vor Menschen gibt, die hier Vorbehalte haben und ein Misstrauen hegen, weiß er natürlich. „Es gibt Leute, die die Türken einfach nicht mögen und immer noch Angst haben von einem Osmanischen Reich oder so etwas Ähnlichem. Aber diese Menschen sind jetzt nun einmal da und wir sind gut beraten, wenn wir ihnen auf Augenhöhe begegnen und sie menschenwürdig behandeln", sagt Kopp. Dass er dabei keinen Unterschied macht, ob Türke oder Kurde, bringt ihm eines Tages Ärger mit der Exekutive ein. „Einmal ist ein junger Mann zu mir gekommen und wollte eine Veranstaltung im alten Rathaussaal durchführen." Als Gemeindechef fällt die Genehmigung in seine Kompetenz und so gibt es grünes Licht. Worum es dabei genau geht, fragt er nicht nach. „Die haben alles so Transparente gehabt. Türkisch konnte ich nicht –

und habe es auch nie gelernt –, also habe ich mir nichts weiter dabei gedacht". Das ändert sich, als plötzlich die Geheimpolizei bei Kopp im Büro steht und ihn fragt, wie er denn so etwas überhaupt genehmigen könne. Wie er dann erfährt, handelt es sich bei den Organisatoren um Anhänger der PKK, der als gefährlich eingestuften kurdischen Arbeiterpartei. „Die Kurden sind auf drei Nationen verteilt. Das historische Unglück, das die haben, ist fast schlimmer wie die Teilung Tirols. Ist das doch schon eine Fackerei", sagt Helmut Kopp. „Aber die Kurden haben es noch schlechter, weil auf die jetzt noch geschossen wird und sie bombardiert werden. In Telfs habe ich nie einen Unterschied gemacht, ob Türke oder Kurde. Ich habe sie auch nicht unterscheiden können. Und eigentlich ist es ja auch wurscht, ob Türke oder Kurde".

Mehr als drei Jahrzehnte für Telfs

Am Abend des 9. März 2016 sitzt Helmut Kopp auf dem Podium im Casineum, dem Veranstaltungssaal des Casino Innsbruck, und erzählt. Er stöbert in seinen Erinnerungen, gibt Anekdoten zum Besten, spannt Bögen von der Vergangenheit in die Gegenwart. Zahlen, Daten und Fakten hat der 76-Jährige im Kopf, Notizen oder ein Skriptum gibt es nicht. Felix Mitterer stellt ab und zu kurze Zwischenfragen, lauscht aber sonst gemeinsam mit den Zuhörern – gebannt den Erinnerungen seines Freundes und Zeitzeugen-Gastes. Der Saal ist voll, Besucher müssen auf die Plätze an den Stehtischen ausweichen. Zahlreiche Wegbegleiter, Familienmitglieder, Freunde, gute Bekannte und sogar ehemalige Schülerinnen von Helmut Kopp, dem Lehrer, sitzen im Publikum. Nicht nur als der Zeitzeuge von den Verhandlungen mit Gappn Toni rund um die Liebherr-Flächen erzählt, lacht der Raum. Es sind viele Telfer hier. Und manch einem wird wohl im Verlauf des Abends in Erinnerung gerufen, wie sehr Helmut Kopp über mehr als drei Jahrzehnte die Marktgemeinde geprägt hat. Nach einer Stunde und 40 Minuten kommt Mitterer auf das Jahr 2004 zu sprechen. Jenes Jahr, in dem Helmut Kopp sein Amt zurückgelegt hat. „Wir haben bis jetzt natürlich nur Teilbereiche gestreift", erklärt Kopp. Tatsächlich ist die Fülle der Projekte und Initiativen, die Kopp realisiert und angestoßen hat, in einem etwas mehr als hundert Minuten dauernden Gespräch nicht abzuhandeln. Und so hat auch dieser Buchbeitrag nicht den Anspruch, das gesamte politische Werk und Wirken von Helmut Kopp abzubilden. Trotzdem sollten einige weitere Meilensteine an dieser Stelle nicht unerwähnt bleiben.

Der Zuzug, der mit der Wohnbauoffensive Anfang der 80er-Jahre einsetzt, verlangt nach weiteren Maßnahmen im Bereich der Infrastruktur. Unter Kopp werden Schulen und Kindergärten errichtet und saniert, Bäche reguliert und 1980 ein Klärwerk gebaut. Doch im Bereich der Krankenversorgung tun sich Lücken auf, die Kopp rasch schließen möchte. Selbst im Ausschuss des Bezirkskrankenhauses Hall vertreten, lässt ihn die Idee eines Bezirkskrankenhauses in Telfs nicht mehr los. „Es gab da damals so ein Schriftstück über die Verteilung der Fachärzte in Tirol", erinnert sich Helmut Kopp. „Wenn du dir das als Bürgermeister im mittleren oberen Inntal durchgelesen hast, dann hast du das nicht akzeptieren können: Unterinntal geballt, Innsbruck geballt und wir in Telfs hatten gerade einmal zwei Fachärzte". Landeshauptmann Wallnöfer sagt Kopp im Kampf für ein BKH im mittleren Oberinntal seine Unterstützung zu. „Ich habe damals aber nicht gewusst, dass er das Krankenhaus gerne in Haiming gehabt hätte", lächelt Kopp. Durch seine Funktion im Vorstand des BKH Hall muss der Telfer Bürgermeister aber bald erkennen, dass die Fortschritte in der Medizin gewaltig sind und die Kosten für eine Krankenanstalt auf dem aktuellsten medizinischen und technischen Stand exorbitant wären. Er legt die Vision eines Bezirkskrankenhauses zu den Akten. „Dann haben wir aber das Glück gehabt, dass fünf Fachärzte der Innsbrucker Klinik sich zusammengeschlossen haben und etwas aufbauen wollten, wo sie gebraucht werden." Die Idee der Fachärztehäuser ist geboren und der Telfer Gemeinderat stellt die Weichen für das Projekt – gegen ernste Bedenken der Tiroler Gebietskrankenkasse, die zunächst fürchtet, dass sich die Ärzte die Patienten gegenseitig zuweisen und dadurch die Kosten explodieren könnten. „Ich habe es trotzdem weiterverfolgt und vor allem wollten es die Ärzte." Den Grund für das erste Ärztehaus schenkt die Gemeinde den Medizinern und gibt damit Starthilfe für ein bestens funktionierendes Projekt. Der Spatenstich findet im August 1993, die Eröffnung etwas mehr als ein Jahr später, im Oktober 1994, statt. „Heute haben wir dort, glaube ich, 30 Fachärzte, 170 Leute in Beschäftigung und bekommen dafür eine riesen Kommunalabgabe und die Patienten kommen aus ganz Tirol zu uns. Das Fachärztehaus ist ein Segen für Telfs", sieht sich Kopp in seiner Beharrlichkeit bestätigt.

Ein offenes Ohr hat Helmut Kopp nicht nur für die Kulturinteressierten, die verschiedenen Glaubensgemeinschaften, die Senioren, die Kinder, die Jugend und die Fasnachtler, deren Obmann er 30 Jahre lang ist, sondern auch für die Sportbegeisterten in Telfs. Im Oktober 2000 wird beispielsweise das für eine Investitionssumme von 150 Millionen Schilling (11 Mio. Euro) erbaute multifunktionale Sportzentrum, in Telfs auch „die Kuppel" genannt, eröffnet. Ein emotionaler Verhandlungserfolg nach langen Gesprächen gelingt Helmut Kopp im Jahr 1998. Durch einen Flächentausch mit den Bundesforsten gelangt der Telfer Hausberg, die Hohe Munde, in das Eigentum der Gemeinde. Ebenfalls ein Herzensanliegen ist die Errichtung der Friedensglocke im Ortsteil Mösern, die an die Gründung der Arge Alp im Jahr 1972 erinnert. Die größte frei hängende Glocke des Alpenraumes schickt das erste Mal ihren Friedensgruß im Oktober 1997 über die Gipfel und hinunter in die Täler.[7]

Abschied von der politischen Bühne

Dass eine politische Wahl nie ein Selbstläufer ist und man mit Überraschungen rechnen muss, weiß Helmut Kopp seit der Gemeinderatswahl 1974, als er nach sechs Jahren im Gemeinderat, zwei davon als Oppositionsführer, überraschend die SPÖ vom Thron stößt und selbst Bürgermeister wird. „Ich habe Wahlen immer sehr ernstlich vorbereitet". Und so lässt er auch im Vorfeld der Wahl 2004 seine Umfragewerte und die der Telfer ÖVP abfragen. Die Prognosen geben Kopp 82 Prozent und seiner Liste 55 Prozent. „Und da habe ich mir gedacht: Helmut, es ist Zeit. Wenn der Wert eh so gut ist, schau, dass du weiterkommst." Am Dreikönigstag überreicht Helmut Kopp seinem politischen Ziehsohn, dem damaligen Vizebürgermeister Stephan Opperer, sein Rücktrittsschreiben. Der Gemeinderat wählt Opperer am 16. Jänner 2004 zu Kopps Nachfolger. Im *Telfer Blatt*, dem amtlichen Mitteilungsblatt der Marktgemeinde, wird der scheidende Ortschef mit den Worten zitiert: „Ich hab zuletzt manchmal das Gefühl, dass i's nimmer derpack".[8] Und an anderer Stelle wird ein Ausspruch Kopps wiedergegeben, der sein Amtsverständnis auf den Punkt bringt: „Bürgermeister kannst du nur sein, wenn du glaubst: Meine Gemeinde ist die schönste und interessanteste. Sie ist der Nabel der Welt."[9] Kopp bleibt bis zur Gemeinderatswahl am 7. März 2004 einfacher Gemeinderat. Die Funktion des Obmanns des Altenwohnheimverbandes, an dessen

Gründung 1986 er maßgeblich beteiligt war, wird er noch bis 2010 ausüben. Bei der Gemeinderatswahl 2004 fährt die ÖVP einen triumphalen Wahlsieg ein und gewinnt zwölf Mandate. Stephan Opperer wird mit 73,5 Prozent zum Bürgermeister gewählt.

„Ein halbes Jahr danach war ich so froh, dass ich den Job los war", erinnert sich Kopp zurück. „Ein weiteres halbes Jahr später habe ich mir gedacht: Das hättest du noch leicht eine Periode lang gepackt, wenn du solche Umfragewerte hast. Heute bin ich froh, dass ich es damals beendet habe. Zumal ich eigentlich immer gesagt habe, dass nach zwei Perioden jeder Bürgermeister weg gehört. Ich selber habe fünf gemacht. Da bin ich mir irgendwie doch unredlich vorgekommen."

Mit dem Antritt seiner Polit-Pension findet Helmut Kopp wieder mehr Zeit für Privates. Die fünf Enkel seiner beiden Kinder, die er mit Ehegattin Bella hat, halten den leidenschaftlichen Opa auf Trab. Aber auch seinem liebsten Hobby, Helmut Kopp ist passionierter Watter, kann er seitdem häufiger als früher frönen. Schon als Schüler auf dem Schulweg drehen der junge Helmut und seine Freunde die Schulranzen um und spielen darauf Karten. „Beim Watten kann man viel für das Leben lernen", ist Kopp überzeugt. „Nicht nur, dass es ein schönes Ur-Tiroler Spiel ist und sicher gescheiter, als ständig am Handy herumzufummeln oder in den Fernseher zu schauen", meint Kopp. „Beim Watten lernt man das Verlieren, aber auch das Gewinnen. Und das Gewinnen ist oft schwerer zu verkraften als das Verlieren".

Der vorliegende Beitrag basiert auf dem Zeitzeugen-Gespräch mit Helmut Kopp, geführt von Felix Mitterer am 9. März 2016 im Casino Innsbruck, Gesprächen des Autors mit Helmut Kopp, Artikeln im Telfer Blatt *sowie Artikeln aus dem Archiv der* Tiroler Tageszeitung.

Anmerkungen

1   *Telfer Blatt*, Amtliche Mitteilung der Marktgemeinde Telfs. Ausgabe 131, Jänner 2004, S. 6.

2   *Telfer Blatt*, Amtliche Mitteilung der Marktgemeinde Telfs. Ausgabe 131, Jänner 2004, S. 6.

3   http://www.liebherr.com/de/deu/über-liebherr/liebherr-weltweit/österreich/ telfs/telfs.html

4   *Telfer Blatt*, Amtliche Mitteilung der Marktgemeinde Telfs. Ausgabe 131, Jänner 2004, S. 12.

5   *Telfer Blatt*, Amtliche Mitteilung der Marktgemeinde Telfs. Ausgabe 131, Jänner 2004, S. 7.

6   *Telfer Blatt*, Amtliche Mitteilung der Marktgemeinde Telfs. Ausgabe 131, Jänner 2004, S. 11.

7   *Telfer Blatt*, Amtliche Mitteilung der Marktgemeinde Telfs. Ausgabe 131, Jänner 2004, S. 11.

8   *Telfer Blatt*, Amtliche Mitteilung der Marktgemeinde Telfs. Ausgabe 131, Jänner 2004, S. 1.

9   *Telfer Blatt*, Amtliche Mitteilung der Marktgemeinde Telfs. Ausgabe 131, Jänner 2004, S. 5.

Seinserfahrung über die Kunst

Von Markus Hauser

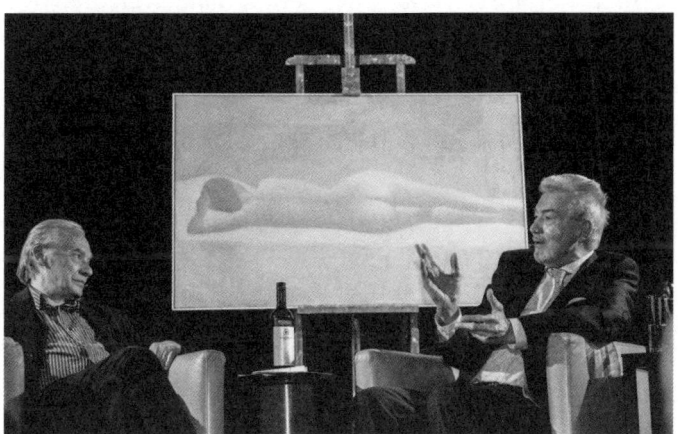

Felix Mitterer und Walter Nagl verbindet eine jahrelange Freundschaft.

Die Frage, wann ein menschliches Leben beginnt, ist selbst aus biologischer Sicht schwer zu beantworten. Mit der Zeugung? Mit der Geburt? Rückblickend gesehen, aus einem reichen Schatz von Lebenserfahrungen, destilliert aus den sehr persönlichen Empfindungen, beginnt das Leben subjektiv erahnt mit der ersten Kindheitserinnerung. Wie wohl und wie sehr aber alles davor Erlebte, das nicht mehr in der Erinnerung Abrufbare sich im Unterbewussten festgesetzt hat und Einfluss auf das weitere Leben nehmen wird. So begann das Leben des am 16. Juni 1939 in Grinzens geborenen Kindes Walter Nagl, das zweite von drei Kindern des Franz und der Maria Nagl, etwa im Jahre 1943. Zuvor seien aber noch die Geschwister, ein Bruder und eine Schwester Nagls, angeführt. Der Bruder Alois kam drei Jahre früher zur Welt und verdiente seinen Lebensunterhalt als Polier. Die um fünf Jahre jüngere Schwester Hilde arbeitete im Fotolabor einer Offsetdruckerei. Doch nun zurück zum kleinen vierjährigen Nagl, der gerade dabei war, die Welt zu entdecken.

Erinnerungen, die auf den zukünftigen Künstler verweisen

Eindrückliche Erinnerungen waren es, welche, und davon kann man ausgehen, später einen sehr prägenden Einfluss auf die Kunst Nagls haben sollten. An die genauen Umstände könne er sich zwar nicht mehr erinnern, die es erforderlich machten, dass er eines Tages sehr früh am Morgen mit seinen Eltern und dem Bruder nach Innsbruck fahren sollte. An der Bushaltestelle wartend, war es für den kleinen Walter so etwas wie eine Erscheinung, konkret ein mit Worten nicht zu beschreibender, unglaublich schöner Sonnenaufgang. „Ich spürte das Licht auf meiner Haut. Diese Lichtwerdung war für mich eine geradezu körperliche Erfahrung. Durchdrungen, innerlich durchleuchtet, war es ein Verfließen mit dem lichtesten Wohlgefühl, das man sich vorstellen kann", schwärmt Nagl noch heute und der Wunsch, einen Sonnenaufgang mit denselben kindlich reinen Empfindungen noch einmal erleben zu dürfen, begleitet ihn bis heute. Die zweite Erinnerung, nur kurze Zeit später, scheint auf den ersten Blick von ganz anderer Natur. Der kleine Walter hatte bis zu diesem Zeitpunkt seine Großmutter kaum wahrgenommen, war sie doch schon längere Zeit bettlägerig. Auch ihr Sterben habe er nicht wirklich realisiert. Dass der Leichnam seiner Großmutter allerdings in der Stube aufgebahrt wurde, das war ihm sehr wohl bewusst. Der

Kopf der Großmutter war mit einem weißen Tüchlein bedeckt und so konnte der Vierjährige das Gesicht seiner Oma nicht sehen, was ihn sehr störte. Dem Wunsch, das Antlitz der Verstorbenen abzudecken, kam Walters Vater schließlich nach. Der kleine Walter wollte nämlich herausfinden, was den Unterschied zwischen Totsein und Schlafen ausmacht. Die sich in den Gesichtszügen abzeichnende innere Ruhe habe sich gänzlich anders dargestellt als das bloße Sich-Ausruhen, erinnert sich Nagl. Die dritte Erinnerung im selben Jahr, und die vielleicht markanteste in Bezug auf die künstlerische Entwicklung des Walter Nagl: Es war Frühjahr und einmal mehr an der Zeit, eines der zu bestellenden Felder von Steinen zu säubern. „Stoanerklaubn" war also angesagt. Da lag plötzlich ein etwas eigenartiger Stein vor Walters Füßen. War es überhaupt ein Stein? Weiß, braun verschmutzt, rundlich, mit einem Durchmesser von etwa vier Zentimetern. Der Geruch? Nein, so roch kein Stein. Es war Porzellan, wie man ihm später erklären sollte. Nach der ersten schnellen Säuberung kam es zum Vorschein – das Antlitz einer Frau. Nach intensiver Reinigung entpuppte sich der Frauenkopf als das Haupt der Madonna, als das Bruchstück einer Marienskulptur. Was den kleinen Walter daran so faszinierte, war der Umstand beziehungsweise das Ergebnis der Verwitterung. Das Umpflügen, der Regen, Schnee, all die mechanischen Einflüsse auf den Porzellankopf reduzierten die abgeschliffenen Gesichtszüge in geradezu abstrakter Manier auf die Andeutung einer Nase und dezenter Augenhöhlen. Wie Nagl viele Jahre später herausfinden wird, entsprach der kleine abgewetterte Kopf exakt der Formensprache Constantin Brâncuşis, den allgemein bekannten in sich ruhenden, abstrakten Köpfen. Der kleine „Eierkopf" sollte Walter eine längere Zeit begleiten, in der Hosentasche als Talisman. Wann, wo und wie er des Talismans verlustig wurde, kann sich

Nagl nicht mehr erinnern. Offensichtlich zu einem Zeitpunkt, als er der Zauberkräfte des Kleinods nicht mehr bedurfte. Die vierte Erinnerung aus derselben Zeit hat ebenfalls das Potential, auf eine zukünftige künstlerische Tätigkeit Nagls zu verweisen. Papier war Mangelware in diesen Jahren des Krieges. Mit anderen Worten, es war so gut wie nicht vorhanden im Haushalt der Nagls. Ein kleiner Vorrat diente dazu, bäuerliche Produkte zu verpacken, die eine oder andere Notiz niederzuschreiben. Walter war es allerdings ein inneres Bedürfnis, besonders eindrückliche Erlebnisse zeichnend festzuhalten. Das waren die Fliegerangriffe in diesen Tagen, die in der Betrachtung des Kindes den Himmel über dem Inntal geradezu verdunkelten. Also stibitzte er regelmäßig Papier, um diese den Himmel verdunkelnden Flugzeugschwärme nachzuzeichnen. Der Kommentar der Mutter zu den frühkindlichen Kunstwerken ihres kleinen Walter fiel kurz und bündig aus: „Iatz håt mir der Bua scho wieder a Papier versudelt."

Es falle einem vieles zu und man sei sehr dankbar dafür
Aufgewachsen in bäuerlich armen Verhältnissen, auf einem Bauernhof in 1000 Metern Seehöhe, war Nagl sehr schnell geschult im Umgang mit Entbehrungen. Mutter Maria Nagl, geborene Neurauter, stammte aus Sellrain, deshalb pflegte man intensive Kontakte mit Sellrain. So fanden etwa zwei Drittel der Kirchenbesuche dort statt. Grinzens hatte zu dieser Zeit als einzige Gemeinde Tirols keine eigene Pfarrei und gehörte zu Axams. 1954 verkürzte sich der Gang zur Kirche, wurde doch in diesem Jahr die Kirche in Grinzens erbaut. Mit dem Bau der Kirche entwickelte sich so etwas wie ein Kulturleben. Diverse Vereine, wie etwa Schützen oder Musikkapelle, sorgten für eine Aufbruchsstimmung sondergleichen.

Früh übt sich, wer ein Meister werden will: Walter Nagl im Alter von 15 Jahren in die Natur vertieft

Auf der Suche nach der idealen Form: Walter Nagl im Atelier, 70er Jahre

Walter Nagl im Gespräch mit seinem Freund, dem Galeristen Sepp Mair, in der Galerie Elefant 1979

Es falle einem vieles zu, der Zufall will es mit der richtigen Lehrerin

Mit dem Eintritt in die zweiklassige Volksschule trat Walter Nagl gewissermaßen in ein anderes Leben. Mit Mathilde Gasperi begegnete er einer Lehrerpersönlichkeit und Pädagogin mit Herzblut, die schon sehr früh die künstlerische Begabung Nagls zu fördern wusste. Sehr viel durfte er zeichnen, auch, was damals als außergewöhnlich anzusehen war, auf der Tafel. In gewisser Hinsicht und angesichts der damals üblichen Lehrmethoden war es wohl das, was man heute künstlerische Frühförderung nennen würde.

Die frühen 50er und das Bekenntnis, Kunstmaler zu werden, gingen mit der Vorstellung absoluter „Brotlosigkeit" einher. Ohnedies kaum etwas zum Beißen, der Schulabschluss in Sichtweite, gesellten sich zu der Vorstellung zukünftiger bitterer Armut ihres Sohnes Atembeschwerden – bei Walter, versteht sich. Dem wurde es plötzlich und sukzessive zunehmend eng um die Brust. Die Atembeschwerden wurden dermaßen stark, dass nach Ansicht der Mutter ein Arztbesuch unumgänglich wurde. Auch Röntgenbilder wurden gemacht, von der Lunge und vom Herz. Das Herz wäre zu groß, meinte der Arzt, und diese Enge provoziere die Atembeschwerden. Eine erschütternde Diagnose für Walter und es wurde ihm noch enger in der Brust. War doch zwei Jahre zuvor ein Kind in Axams an einer Herzerweiterung verstorben. Dem Kind sei das Herz zerplatzt, hieß es. Walter hörte sinnbildlich den Knall und vermeinte die Explosion, den „Schnall" seines Herzens schon zu erahnen. Die Ratschläge seitens der Bevölkerung, ihn vor einem solchen Schicksal zu bewahren, durchaus gut gemeint, waren mit der Vorstellung verbunden, den Walter doch etwas Rechtes lernen zu lassen und die Idee von der Kunstmalerei ein für alle Mal zu begraben. Seinen Traum von der Malerei aufzugeben, kam für Walter allerdings nicht in Frage. Die Hoffnung stirbt bekanntlich zuletzt und die, personifiziert als Berufsberater, kam eines Tages an die Schule. Einer aus der Stadt und damit einer, dem man entschieden größeres Urteilsvermögen zutraute als der Landbevölkerung. Als Letzter in der Reihe der zu Beratenden antwortete Walter ganz selbstbewusst auf die Frage, was denn der junge Mann werden wolle: „Kunstmaler!" Mit der drastischen Schilderung der zukünftigen schulischen bzw. akademischen Ausbildung, sofern eine Aufnahme an der Akademie überhaupt zu schaffen sei, malte der Experte aus der Stadt dem jungen Walter ein facettenreiches Bild vom Hungertod. Auf einen Kompromiss lief das Beratungsgespräch schließlich doch hinaus, wollte Walter doch mit einer der Malerei nahestehenden Berufsbezeichnung nach Hause kommen. Man einigte sich auf die Tätigkeit eines „Kirchenmalers".

Der Zufall kommt über den Almabtrieb

Zur selben Zeit wollte es der Zufall, dass es für den Almabtrieb die Kühe „aufzubüscheln" galt und man für die schönste Kuh in der Mitte des Buschens eine Figur, einen geschnitzten Senner haben wollte. Mit der Bitte, einen solchen anzufertigen, trat man an Walter heran. Bis zu diesem Zeitpunkt hatte der noch keine einzige Schnitzarbeit geschaffen und fühlte sich spontan zwar etwas überfordert, nahm den Auftrag dennoch an. Das Holz, die Schnitzeisen, beides hatte er natürlich nicht, den nötigen guten Rat und die ersten paar Schnitte holte sich Walter vom Bildhauer Anton Hörtnagl in Axams. Schnitzerische Defizite machte Walter mit malerischen Qualitäten wett und zu guter Letzt habe ihm das Ergebnis gar nicht so schlecht gefallen. Um aber auf Nummer sicher zu gehen, wollte Nagl das Werk seinem drei Jahre älteren Freund Volkmar Hauser zeigen.

Der Zufall findet die richtigen Freunde, jene der Menschen- und Künstlerförderer

Die Hausers hatten zu dieser Zeit in Grinzens bereits ein Wochenendhaus, Volkmar war aber zu diesem Zeitpunkt gerade nicht anwesend. Dafür seine Mutter, die nach dem ersten Blick auf das Schnitzwerk ihren Mann Paul rief und feststellte: „Paul, schau, der Bua isch ja richtig begabt." Auf Anraten von Frau Hauser wagte Walter Nagl eine neuerliche Berufsberatung, diesmal in Innsbruck – und er stellte sich diesmal, wie er sagt, schlauer an. An der Seite seiner Mutter, mit einer Auswahl von Zeichnungen, Aquarellen und Studien unterm Arm, wurde er vorstellig. Der Berufsberater, ein äußerst netter Mensch, wie Nagl feststellte, fragte die Mutter, weshalb sie denn nicht wolle, dass ihr Sohn Künstler werde. „Ja, das Herz, die Lunge des Buben – das schafft er nicht", meinte die Mutter. In diesem Moment brachte Walter die Rolle mit den Zeichnungen zum Vorschein. Beeindruckt von den Grautönen, von den Farben und überzeugt vom Talent, stellte der Berufsberater Nagl spontan in der Gewerbeschule vor. Die Klasse für Malerei war allerdings schon belegt und so erfüllte sich im Grunde genommen ein geheimer Wunsch Walters, er wurde in der Klasse für Bildhauerei eingeschrieben. Das war im Jahre 1954. Aus finanziellen Gründen wäre es Walter aber unmöglich gewesen, die Gewerbeschule zu besuchen. Und da kommt einmal mehr die Familie Hauser ins Spiel. Aus dem Angebot, vorerst einmal für ein Jahr verköstigt zu werden, wurden vier Jahre. Doch über das viel bessere Essen hinaus war es die geistige Nahrung, die man Nagl im Kreis der Familie Hauser kredenzte. Volkmar Hauser in der Maturaklasse, seine Schwestern Reingard und Krista ebenfalls im Gymnasium, die Eltern gebildet. „Diese Gespräche beim Mittagstisch, das war eine andere Welt. Bei uns reduzierte sich ein Gespräch zu Mittag auf die Feststellung, dass das Wetter heute gut genug wäre, um das Heu einzufahren", erinnert sich Nagl. Zudem wurde ihm vom als freien Journalisten tätigen Paul Hauser vor dem Mittagessen die Zeitung in die Hand gedrückt, mit der Aufforderung, zu lesen, und dem Nachsatz, nicht nur den Sport, auch die Politik und die Kultur. Letztere sei damals übrigens sehr klein und bescheiden gewesen. Die Praxis parallel zur Gewerbeschule absolvierte Nagl beim bereits erwähnten Bildhauer Anton Hörtnagl in Axams. Von dem habe er unheimlich viel gelernt. Denn im Gegensatz zu den Professoren in den weißen Kitteln sei Hörtnagl im blauen Schurz neben ihm mit Rat und Tat zur Seite gestanden. Das war das ideale Meister-Lehrling-Verhältnis, ist Nagl noch heute überzeugt.

Der Zufall und weitere wichtige Bekanntschaften

Nach Abschluss der Gewerbeschule durfte Nagl Professor Pontiller kennenlernen, einen sehr vornehmen Menschen, wie er sagt. Auf dessen Vermittlung reist Nagl nach München, um bei einer Großbildhauerei für einen Arbeitsplatz vorstellig zu werden. In Erinnerung geblieben sei ihm ein rot punktierter, am Boden liegender Christus, der „toter wie tot", selbst zur Auferstehung zu keiner Bewegung imstande gewesen wäre. Die roten Punkte dienten als Orientierungspunkte, um von einer Skulptur eine Übergröße anzufertigen. Wenig angetan von dieser Arbeit, habe er sich davongeschlichen, sei aber in München geblieben, um eine großartige Chagall-Ausstellung zu besuchen. Das war im Jahre 1959, und diese „Wahnsinnsausstellung" sei dann noch getoppt worden mit einem Besuch im Haus der Kunst. „Da gehe ich über die Stiege hinauf und sehe ein Sonnenblumenbild und denke mir, dass da einer verdammt gut den Van Gogh nachmacht. Plötzlich stehe ich vor einem Original-Van Gogh, und es ging weiter mit Cézanne, Monet, Renoir usw. Es war Gänsehaut pur, ein völlig neues Erleben und Empfinden von Kunst", erinnert sich Nagl. Am nächsten Tag stand der erste Opernbesuch auf dem Programm. Die Römische Oper gastierte in München mit den schönsten italienischen Arien. Ein Abend sondergleichen, so schön, Hitzewallungen und Gänsehaut zur gleichen Zeit. Das war die Welt, die aufgeht, so empfand es Nagl, Realist genug, um festzustellen, dass sie es nur mit Geld im Sack tue.

Zurück daheim, war die erste Anlaufstelle die Familie Hauser. Als Nagl Frau Hauser mitteilte, dass er es jetzt als selbstständiger Schnitzer versuchen wolle, gab diese ihm schonend zu verstehen, dass dies ohne akademische Ausbildung wenig sinnvoll wäre. Auf ihren Rat hin wurde Walter mit Volkmar Hauser bei Hans Pator vorstellig, der angehende Studenten nach Wien vermittelte. Sollte er die Aufnahme in Wien schaffen, würde es mit dem Stipendium klappen, meinte dieser. Das erste Etappenziel war geschafft. Drei Tage vor der Abreise sollte Nagl die notwendigen Papiere für die Reise nach Wien bei Pator abholen. Dazu hieß es sämtliche Gasthäuser in Innsbruck abklappern, um den besagten Herrn anzutreffen. Fündig wurde man im Café Greif, an dessen unvergleichliche Schönheit und Flair Nagl noch heute mit Wehmut zurückdenkt. Die Mitteilung Volkmars, dass Nagl zur Aufnahmeprüfung in Wien antreten dürfe, entlockte Pator die lapidare Bemerkung: „Habt ihr das Gefühl, dass wir jeden Bauernlümmel nach Wien schicken?" Die Stimmung Pators sollte sich aber sehr schnell ins Positive verkehren. Für das amtliche Ansuchen um die finanzielle Unterstützung für die Fahrt nach Wien stellte er Nagl bei den zuständigen Herrn als jungen, talentierten Mann vor. Balsam für die Seele Nagls.

Figuren aus der Frauenserie „Drei Frauen" im Atrium und an der Westseite des Medizinzentrums Anichstraße

Blickfang beim Eingang in die Kopfklinik. Eine Figur aus der Serie „Drei Frauen"

Wien hat nicht auf Nagl gewartet, der Zufall schon

In Wien angekommen, bitterkalt, im dünnen Lodenmantel und etwas desillusioniert, stellt Nagl fest, dass Wien definitiv nicht auf ihn gewartet hat. Die Gänge, die Stufen, die Hallen, die ganze Akademie geschlagen voll mit Leuten. Da trifft er auf Anton Christian, der ihm anbietet, gemeinsam in Mödling sehr günstig ein Häuschen zu mieten. Zehn Jahre hatte es keinen Schnee mehr gegeben in Wien, aber der in diesem Jahr hätte für zehn Jahre gereicht. So hübsch das Häuschen war, es hatte einen kleinen Schönheitsfehler: Es gab keine richtige Heizung, und das sollten die zwei Studenten zu spüren bekommen.

Die Aufnahmeprüfung bestanden, kam Nagl zu Professor Hans Andre. Zuvor galt es aber, so etwas wie die Absolution bei Rektor Prof. Herbert Boeckl abzuholen, der die Kurse der Abendakte leitete. Beim Betreten des Raumes sei er sich vorgekommen wie im Fußballstadion, wie in einer Arena. Während die Aktmodelle positioniert wurden, dachte sich Nagl, dass die Professoren in Wien auch nicht anders aussehen würden wie die in Innsbruck. Eigentlich ganz normal. Im selben Moment ging ein Tumult los, ein Klopfen und Trommeln. Kahlköpfig, einem buddhistischen Mönch gleich, erschien Boeckl. Auf einen kleinen Wink hin verstummte die Studentenschaft und Boeckl erhob sehr bestimmend das Wort: „Punkte müsst ihr machen! Punkte und noch einmal Punkte!" „Was für Punkte?", dachte sich Nagl. „Da stehen ja zwei Akte." Am Beispiel des Sternenhimmels erklärte Boeckl seinen Studenten die Sinnhaftigkeit von Punkten in ihrer Funktion, Verbindungen herzustellen. Mit dem schielenden Blick auf die Arbeitsweise erfahrener Studenten wusste Nagl sehr schnell um die Strategie der Punkte. Die Erkenntnis, dass eine Persönlichkeit vom Schlage eines Boeckl einen Studenten noch lange nicht zum Künstler macht, zu dieser gelangte Nagl ebenso wie zur Erkenntnis, dass es mit einem Lehrer dieser Qualität künstlerisch mit Riesenschritten vorangehen könnte.

Da Nagl keine Matura hatte, musste er wie viele andere Studenten verschiedenste Fächer belegen und Prüfungen darüber ablegen. In Literaturgeschichte galt es, sich mit einem Dichter näher zu befassen. Nagls Wahl fiel auf Georg Trakl, dessen Werk er durch Volkmar Hauser kennengelernt hatte. Die Hausers waren bekannt mit Ludwig von Ficker, einem Trakl-Kenner, der wiederum Trakl persönlich kannte. Ein Besuch Fickers erschien deshalb geradezu obligat. Nagl erinnert sich einmal mehr in größter Dankbarkeit: „Was war Ludwig von Ficker doch für ein netter, bescheidener Mensch. Er begrüßte uns als liebe junge Freunde und in herzlicher Atmosphäre setzten wir uns zusammen." Ficker schilderte seine erste Begegnung mit Georg Trakl, beleuchtete dessen Werk und lieferte zahlreiche Informationen zu einem Menschen, mit dem er in tiefster Freundschaft verbunden war. Einige Zeit später waren es folgende Worte Fickers, die den jungen Nagl ein Leben begleiten sollten: „Was Sie auch gehört haben, ob negativ oder positiv von einem Menschen, erleben Sie ihn selber."

Für ein finanzielles Zubrot hatte sich Nagl vorgenommen, an der Akademie jeden Monat eine Maske für das Tiroler Heimatwerk zu schnitzen. Aber diese Idee hing Nagl dann sehr bald an den Nagel. Wohl wissend, dass diese Tätigkeit nichts mit Kunst zu tun hatte, schnitzte er die Maske an einem Samstag. Dabei wurde er vom Assistenten des Professors überrascht, der ihn dringend davor warnte, auf diese Weise etwas Geld zu verdienen. Selbst ohne Signatur würde das Werk zwangsläufig mit dem Namen Nagl verknüpft und in Folge seinem Ruf schaden. Sich aber bewusst, dass Nagl das Geld dringend brauchte, gab er ihm den Rat: „Sie dürfen Schnee schaufeln oder Pakete schupfen, Sie dürfen alles tun, nur das nicht. Wenn Sie es ernst meinen mit dem Künstler-werden-Wollen, lassen Sie das." Es war Nagl eine Lehre für das Leben und er habe nie wieder in seinem Leben etwas Ähnliches gemacht. Und es sei schwer gewesen, angesichts des chronischen Geldmangels, als es später galt, eine Familie zu erhalten. Ein Jahr nach Abschluss der Akademie sollte Nagl von Rektor Boeckl einen Brief erhalten, der ihn ein Leben lang begleitete und in seinem Tun beflügelte. Sinngemäß ermutigte er Nagl: „Arbeiten Sie unverdrossen weiter, schauen Sie nicht nach links, nicht nach rechts und nicht zurück. Lassen Sie sich nicht von gut verdienenden Künstlern beeindrucken. Auf gute Ratschläge können Sie ebenfalls verzichten. Ich habe schon sehr bekannte Künstler in der Versenkung verschwinden gesehen. Das Geld verschwindet und zurück bleibt die Leere. Sie müssen arbeiten, arbeiten und wieder arbeiten."

Frau Staude oder die Heiterkeit als dankbare Erinnerung
Auf Empfehlung von Ludwig von Ficker wurde Nagl mit Anton Christian zwecks zukünftiger Unterkunft in Wien bei einer gewissen Frau Johanna Staude vorstellig. In jungen Jahren bereits eine Persönlichkeit in Wien, wurde die attraktive Dame von Gustav Klimt portraitiert. Das Portrait hängt inzwischen im Oberen Belvedere und durfte selbstverständlich von den jungen Studenten bewundert werden. Doch nicht nur mit Klimt war die zu dieser Zeit bereits reife Dame bekannt. Auch die Schieles zählten zu ihren Freunden. Der Umstand wollte es, dass Frau Staude Schiele bei der Aufbahrung seiner so jung verstorbenen Frau behilflich war. Aus Dankbarkeit wollte Schiele der guten Freundin mehrere seiner Zeichnungen schenken. Doch sie lehnte ab. „Die sind mir zu ordinär", meinte sie. Dass Frau Staude das Werk von Gustav Klimt entschie-

den näher stand, zeigte sie den jungen Studenten mit ihrer großen Sammlung von Klimt-Zeichnungen. „Das war Kunstbetrachtung der besonderen Art, aus nächster Nähe", erinnert sich Nagl. Frau Staude sei übrigens selbst künstlerisch tätig gewesen und ihr mindestens zwanzigmal angefertigtes „Rom bei Nacht" wäre ihr Geschenk der ersten Wahl für prominente Musiker und Burgschauspieler gewesen. Was wohl die Gegenleistung dafür war, wollte Frau Staude nicht verraten.

Kampf um das Stipendium, dankbar den Medien

So etwas wie ein staatliches Stipendium gab es damals nicht. Mit Formularen, Anträgen, Briefen zuhauf galt es, sich eine Begabtenförderung zu erkämpfen. Die Auszahlung ließ immer auf sich warten, wurden all die Anträge doch gegengeprüft und allfällige Mehrfachzahlungen wieder abgezogen. Im dritten Jahr ließ das Geld sehr lange auf sich warten. Oktober, kein Geld. November, immer noch kein Geld. Da wurde Nagl aktiv, organisierte eine Unterschriftenaktion mit fünf weiteren Tiroler Studenten und schrieb Volkmar Hauser einen Brief. Für einen, der leider nicht anwesend war, zeichnete Nagl. (Fälschung einer Unterschrift hieße das wohl aus juristischer Sicht.) Sollte ja kein Problem sein, dachte er sich. Volkmar Hauser, inzwischen Redakteur bei den Tiroler Nachrichten, war das eine groß aufgemachte Geschichte wert, die er mit „Tiroler Studenten frieren, darben und hungern in Wien" titelte. „Das Telefon lief heiß. Aus allen Ecken und Enden wurde Volkmar Hauser angerufen." Wie undankbar es doch wäre, dieses Gesindel in Wien, hieß es. „Mir wurde angst und bang. Das könne etwas abgeben." Nagl sollte all jene, die unterschrieben hatten, zusammenrufen. Sie sollten sich zu ihrem Schreiben bekennen. Jener aber, für den Nagl unterschrieben hatte, hatte absolut kein Interesse, das zu tun. Obwohl Nagl meinte, dem hätte der Hunger aus den Augen herausgeschaut. Doch wie ein Wunder, es kam zu keiner Aussprache. Das Stipendium jedoch, es war plötzlich da. 800 Schilling wären es gewesen, sehr zu seiner Freude. Im folgenden Jahr wurde Nagl ein Kunstpreis zugesprochen. Mit demselben in der Tasche glaubte er, problemlos für das Stipendium ansuchen zu können. Dem war auch so. Die freudige Mitteilung hatte allerdings einen kleinen Haken, diesmal waren es nur 600 Schilling. „Hoppla, Volkmar, Artikel", ging es Nagl durch den Kopf. Doch der Zufall will es, dass kurze Zeit später Prof. Andre in der Akademie einen prüfenden Blick auf Nagls Arbeit wirft, lächelnd den Raum verlässt und kurze Zeit später wieder mit seiner Frau erscheint. Er fragt Nagl, ob er denn ein Stipendium bekäme, und dieser schildert ihm die Ereignisse der letzten Tage. Daraufhin verfasst Andre ein Schreiben und siehe da, das Stipendium trifft ein, und es sind gar 1000 Schilling. Das war kein Zufall, es fällt einem zu, war Nagl überzeugt und dafür war er sehr dankbar. Sehr angenehm in Erinnerung ist Nagl auch sein Aufenthalt für drei Jahre im Servitenkloster in Wien – damals eine günstige Unterkunft für Studenten. Die während der Osterzeit praktizierten, im ganzen Kloster vernehmbaren Gregorianischen Choräle hatten etwas sehr Bewegendes und regelmäßig zur Osterzeit rufen sie noch heute seelentiefe Erinnerungen in ihm wach.

Nach dem Diplom 1963 kehrt Nagl zurück nach Tirol, lernt seine Frau Gerda kennen, heiratet 1964 und im selben Jahr kommt Sohn Stefan zur Welt. Der gesundheitliche Zustand seiner Frau, aber auch wirtschaftliche Umstände zwingen Nagl, zunächst im Lebensmittelgeschäft seiner Frau für ein Jahr zu arbeiten. Allein die Vorstellung, dies zu tun, sei ihm ein Gräuel gewesen, sagt Nagl. Eingeschult von einem Meindl-Mitarbeiter, instruiert im Belegen von Semmeln und Abfüllen diverser Lebensmittel, entwickelt sich Nagl in seiner umgänglichen Art zum sehr beliebten Verkäufer. Im Haus an der Kreuzung mitten in Hatting sollte die Familie Nagl noch einige Zeit leben. Der zunehmende Verkehr durch den Autobahnanschluss, aber letztlich doch die räumliche Enge bewegen Nagl Anfang der 80er Jahre zum Grundkauf etwas abseits der Hauptstraße. Zum Hausbau entschließt sich Nagl schließlich im Jahre 1992. „Das war wohl dem ‚sanften‘ Druck meiner Frau zuzuschreiben", meint Nagl rückblickend. Die Pläne zum schmucken Eigenheim stammen von German Brötz, für die Innenausstattung zeichnet Manfred Pirchner verantwortlich. Ein paar Schritte neben dem Wohnhaus befindet sich das Atelier für die bildhauerische Tätigkeit. Das Atelier für Malerei hat sich Nagl schon vor Jahren im Dorfzentrum im Dachgeschoss in der alten Volksschule eingerichtet.

Einladung nach Rom, eine Reise in dankbarer Erinnerung

Doch zurück in die frühen 60er Jahre. Wieder kein Zufall, es fällt Nagl zu, dass er von Freunden aus Landeck auf eine Reise nach Rom eingeladen wird. Unter ihnen Doris Henzinger, eine Künstlerin, die ihre Kunst nicht ausüben konnte, weil sie ebenfalls in einem Geschäft arbeiten musste. Gemeinsam mit Gerda ging es auf die erste größere Reise. In Rom, welch großes Glück, fand gerade eine große Marino-Marini-Ausstellung statt. „Ich war hin und weg. Saal für Saal riesengroße Plastiken. Akte, Pferde, Reiter! Wie kann ein Mensch das alles in einem einzigen Leben machen, fragte ich mich. Zutiefst beeindruckt besuchte ich die Ausstellung am nächsten Tag ein zweites Mal." Eine Plastik im Speziellen, ein liegender weiblicher Akt, sollte ihm ganz unvermittelt seine

Lebensaufgabe, die des Künstlers, in Erinnerung rufen. „Du musst zurück!", ging es Nagl durch den Kopf. Wieder zuhause, schloss Nagl das Geschäft, was gar nicht so einfach war. Gerdas Vater, Bürgermeister seit vielen Jahren, hatte das Geschäft für die Zukunft seiner Tochter aufgebaut. Und da kommt einer mit leeren Händen, mit absolut nichts, und bringt seine Tochter dazu, das Geschäft zu schließen. Noch dazu, dass es keine Aufträge für Nagl gibt. Da kommt Frau Haselsteiner ins Spiel, die Mutter des inzwischen weltweit agierenden Baumeisters Hans Peter Haselsteiner, die Nagl in den frühen 60er Jahren kennengelernt hatte. Hans Peter kannte Nagl bereits als Gymnasiast und daraus sollte sich eine intensive Freundschaft entwickeln. Frau Haselsteiner habe eine gewisse Sympathie für den jungen Künstler Nagl gehabt und fragte bei Landeshauptmann Eduard Wallnöfer nach, ob denn bezüglich eines Auftrags für den jungen Künstler gar nichts zu machen wäre. Und siehe da, es ließ sich etwas machen. In Reutte wurde das Krankenhaus gebaut und die dazu gehörende Kapelle musste natürlich ausgestattet werden. „Nagl, würdest du dich getrauen, ein lebensgroßes Kruzifix zu machen?", fragte der Landeshauptmann in seiner bekannt knorrigen Art. Die Zustimmung dazu habe er geradezu gehaucht, erinnert sich Nagl, um sofort an einem Entwurf zu arbeiten. Auf die Anfrage, wann er denn den Entwurf dem Landeshauptmann zeigen dürfe, meinte Wallnöfer: „Ich bin ehrlich. Ich verstehe nicht allzu viel von Kunst, aber ich habe das Vertrauen, machen Sie es!" Gemessen an der Größe des Auftrags und der damit verbundenen Gage, dachte Nagl an drei Monate Arbeit. Doch es sollte dauern, zunächst eineinhalb Jahre. Und schließlich wurde es das Kruzifix, das keine kleine Kapelle, sondern eine große Kathedrale der Musik in Form des neuen Festspielhauses in Erl als Heimstatt gefunden hat. Doch bis es dazu kam, das ist eine andere Geschichte. Nicht nur der Umstand, dass es ein Christus ohne Lendenschurz war, bereits zwanzig Jahre bevor Rudi Wach seinen nackten Jesus schuf, brachte Komplikationen mit sich. Dem Primar des neuen Krankenhauses hätte das Kruzifix sehr gut gefallen. Doch Primar Eckl musste schließlich Farbe bekennen, denn im Krankenhaus arbeiteten auch geistliche Schwestern. „Das Kruzifix ist sehr schön, aber es fehlt eine Kleinigkeit", ließ er Nagl wissen. „Nicht bei uns", hieß es deshalb aus Reutte. Aus dem Ganzen wurde schließlich eine richtige Hetzjagd. Vor der Auftragsvergabe hieß es, dass sich die Kirche nicht einmischen würde. Woher der Wind wehte, blieb letztlich nicht verborgen. Selbst ein junger Geistlicher sah sich dazu veranlasst, in der Wochenzeitung *Blickpunkt* einen Leserbrief zu veröffentlichen, in dem er auf sehr befremdliche Art und Weise Verständnis für Nagl zeigte. Er verstehe den jungen Künstler, meinte der Priester, es gehe dem Künstler darum, endlich einmal aufzufallen. Nagl war entsetzt ob des mangelnden Kunstverständnisses und des billigen Verdachts. An so etwas habe er als Künstler nie gedacht. Zudem sollte ein Missverständnis die Situation noch verschärfen. Im Glauben, dass der Auftrag für das Kruzifix ein Auftrag der Landeskulturabteilung gewesen wäre, schrieb ein guter Bekannter über dieselbe Angelegenheit: „Wenn ihr doch heiß oder kalt wäret, aber da ihr nur lau seid, spucke ich euch aus." Am Tag der Veröffentlichung des Leserbriefs, von dem Nagl nichts wusste, war er bei einer Vernissage. Die gesamte politische Prominenz war anwesend. Nagl berichtete über die beklemmende Situation: „Ich dachte mir, was die heute alle haben. Immer wann ich in die Nähe von Prominenten kam, selbst mir bestens Gesinnte, wichen diese aus. Und das geradezu offensichtlich." Auf der Heimfahrt im Zug sollte Nagl von dem aus einem Missverständnis heraus entstandenen Leserbrief erfahren. Beim Lesen des Briefes fiel Nagl aus allen Wolken. Wie wäre so etwas wiedergutzumachen, ging es ihm durch den Kopf. Sie zog sich lange hin, diese Geschichte, vom Ausspucken bis zur Wiedergutmachung. Doch die Wogen sollten sich glätten, als eines Abends der Pfarrer mit zwei, wie Nagl empfand, nobleren Herren vor der Tür stand. Einer, vom Aussehen her eindeutig ein Geistlicher, der Zweite wurde ihm als ein Professor vorgestellt. Man wolle das Kruzifix abholen, ließen die drei Herren Nagl wissen. Verdutzt stellte Nagl fest, dass er davon nichts wisse. Nach einem kurzen Blick auf das Auto, mit dem das Kruzifix abgeholt hätte werden sollen, stellte Nagl fest: „Da werdet ihr den Christus nicht hineinkriegen, der ist nämlich 2,40 Meter groß." Ja, dann wolle man das Kruzifix zumindest inspizieren, meinten die Herren. Was dann passierte, war an Peinlichkeit kaum zu überbieten. Der geistliche Herr war kein Geringerer als die rechte Hand des Bischofs, Monsignore Prälat Josef Hammerl. Den Namen des Professors, als netten Menschen in Erinnerung, sollte Nagl nie erfahren. Beim Kunstobjekt angekommen, schwänzelte Hammerl um den Christus herum und tat so, als würde er die Blöße nicht sehen. Vielmehr galt die ganze Konzentration der Betrachtung des Hauptes von Christus. Die formalen Aspekte des Hauptes, Resultat langer künstlerischer Auseinandersetzung mit der Thematik Sterben, Auferstehung, Hoffnung etc., waren tatsächlich für die damalige Zeit von ungewöhnlicher Natur. „Ich glaube, der Herr Nagl wird wahrscheinlich in einem halben Jahr feststellen und sich eingestehen müssen, dass er den Kopf des Christus verhaut hat, und deshalb ist es wohl besser, wenn wir von unserem Ansinnen, die Figur mitzunehmen, Abstand nehmen – und das ganz im Sinne von Nagl", meinte der Prälat. „Es gibt so Sekunden, Momente im Leben, da glaubt man, man zerfließe innerlich. Das war genau ein solcher Moment", erinnert sich

Nagl. Aber schon die ersten Ausführungen des Prälaten, dessen befremdliches Agieren und das Herumschleichen um die Skulptur versetzten Nagl in einen Zustand der versteinerten Alarmbereitschaft. Nach außen keine Regung zeigend, arbeitete es im Inneren auf Hochtouren, auf eine Antwort hin, die sitzen musste. Und so verblüfft Nagl auf den ersten Augenblick war, so schnell war er wieder gefasst und antwortete dem Prälaten: „Wissen Sie, was ich Ihnen sage! Wie Sie Dominus vobiscum sagen, ob mit dem Rücken zur Bevölkerung oder mit Blickkontakt, ob nach links oder nach rechts, das haben Sie gelernt und das wissen Sie. Aber ich habe seit meinem vierzehnten Lebensjahr nichts anderes getan, als Proportionen zu studieren. Und deshalb weiß ich das." Hochroten Kopfes, unter dem Vorwand größter Eile, verließ der Prälat Nagls Atelier geradezu fluchtartig. Der Professor hingegen, im Steireranzug, leicht untersetzt, mit intelligentem, neugierigem Blick, nimmt Nagl am Arm und flüstert ihm ins Ohr: „Nagl, bleiben Sie bei Ihrer Anschauung." Das war Nagl, wie er sagt, eine ungemein große seelische Stütze. Sein Selbstvertrauen war wieder gestärkt. Er konnte darauf vertrauen, dass seine Arbeit doch wertvoll ist. Nach Jahrzehnten der Odyssee von Depot zu Depot sollte das Kruzifix, wie bereits erwähnt, seine Heimstatt im neuen Festspielhaus in Erl finden.

Der künstlerische Diskurs, dankbar für den Erfahrungsaustausch

Kontakte mit der Tiroler Künstlerschaft waren Nagl ein tiefes inneres Bedürfnis. Bei Vernissagen wagte man es als junger Künstler allerdings nicht, sich selbst bei einem renommierten Künstler vorzustellen, um Kontakte aufzunehmen. Der erste Künstler, den Nagl persönlich kennenlernen durfte, war Norbert Drexel. Dieser lud

Nagl in sein Atelier. Der Besuch, die Begegnung im Atelier, hinterließ bleibende Eindrücke. Wilfried Kirschl sollte der zweite Künstler sein, dessen Einladung Nagl folgte. Ebenfalls eine bereichernde Erfahrung. „Von da an lief eine gewisse Mundpropaganda", wie Nagl berichtet. „Kirschl empfahl mich Anton Tiefenthaler, er hätte sehr gute Zeichnungen von mir gesehen. So lernte ich Tiefenthaler kennen." Das Rad setzte sich in Bewegung. Nun suchte Nagl jene Orte auf, an denen der künstlerische Austausch, das Streitgespräch im klassischen Sinne geführt wurde. „Ich war geradezu versessen darauf, jenen Künstlern zu begegnen, die in Tirol und darüber hinaus schon einen Namen hatten", erzählt Nagl. Einer dieser Orte war das Café Central. An einem großen, runden Marmortisch setzte man sich einmal wöchentlich zusammen. Unter dem Vorsitz von Paul Flora waren es unter anderen Wilfried Kirschl, Norbert Drexel, Anton Tiefenthaler, Josef Lackner und Anton Christian, die das künstlerische Fachgespräch suchten. „Ich als Vertreter der Klassischen Moderne, als ‚Äpfel-Maler', wusste mich sehr bald zu verteidigen. Den unschuldigen Waisenknaben hatte ich sehr schnell abgelegt." Es waren aber nicht nur bildende Künstler, welche sich im Central einfanden. So begegnete Nagl dort auch dem Komponisten Bert Breit oder den Schriftstellern Ernst Jandl und Norbert Kaser. An ein interessantes Gespräch mit Robert Schuller, dem Architekten des Passionsspielhauses Erl, kann sich Nagl ebenfalls erinnern, wie später im Rahmen einer Vernissage auch an die Begegnung mit dem Architekten Hubert Prachensky. Von dem wollte Nagl unter anderem wissen, welche Stilepoche der Architektur er für die interessanteste halte. Darauf antwortet Prachensky: „Das Jetzt und Heute. Nur mit dem aktuellen Wissen, die Kunstgeschichte reflektierend, sind wir dazu in der Lage, Neues zu schaffen. Eine kreative und zeitgemäße Formensprache lässt sich nur aus den Anforderungen der Zeit, der gegebenen Umstände heraus entwickeln." Die Zusammenkünfte, die es in dieser Form leider nicht mehr gebe, habe Nagl als ungemein inspirierend und in jeder Beziehung bereichernd in Erinnerung. „Man ist bzw. wurde das, was man als Künstler macht(e), auch durch den Einfluss von Künstlerkollegen, durch die Reflexion im Kreise strategisch sehr unterschiedlich ausgerichteter Kunstschaffender." Auch das ist Nagl in sehr dankbarer Erinnerung. Zumal die örtliche Veränderung, die Rückkehr von Wien, wo die tägliche Begegnung mit Künstlern zum Tagesablauf zählte, geradezu eine Zäsur im Leben des jungen Nagl bedeutete.

Dankbar für die Reisen mit Freunden

Die Freundschaft mit verschiedenen Künstlerkollegen führte Nagl in südliche Gefilde. Mit Reinhold Traxl, Erwin Reheis und Franz Mungenast entdeckte er Italien bzw. Spanien. In einer Phase, in der Nagl ohnedies mehr der Malerei als der Plastik zugetan war, kamen ihm solche Exkursionen sehr gelegen. „Auch der offen ausgesprochene Verdacht, wir würden uns südlichen Landschaften zuwenden, weil sich Bilder dieser Art besser verkaufen ließen, konnte uns vom Reisen nicht abhalten. Wirtschaftliche Interessen waren es definitiv nicht, die uns in den Süden lockten", versichert Nagl. Es war eine Zeit der verregneten Sommer, man musste geradezu zur Sonne, zum Licht fahren. Er selbst war kein Autofahrer, hatte nie ein Auto. Also war er mit Auto fahrenden Künstlern unterwegs. Diese waren durchwegs Künstler und Kunsterzieher. Sie hatten also nur im Sommer Zeit, nützten die Ferien für Kunstexkursionen. Diese fanden dann meist bei Affenhitze statt. Ohne Schweiß kein Preis, sozusagen. Der Herbst in Tirol wäre immer schön gewesen. Nachsatz: schön, aber kalt.

Felix Mitterers Bub als der „Idiot" im Radio

Die ersten Jahre nach der Wiener Zeit versuchte Nagl das fortzuführen, was ihn an der Akademie wohl am nachhaltigsten geprägt hat, die Aktmalerei. Aus Kostengründen freilich kam ein bezahltes Aktmodell nicht in Frage, zumal auch ein Modell aufzutreiben im Heiligen Land Tirol ein schwieriges Unterfangen gewesen wäre. Also musste Nagls Frau Gerda Modell stehen, von 20 Uhr abends bis 22 Uhr. Täglich, über Wochen! Das Atelier, die enge Küche. Musik von der Schallplatte bzw. vom Radio. „Alles ging, anders als heute, wo es nicht so eng wäre", versichert ein schmunzelnder Nagl. Eines Abends plötzlich ein Hörspiel. Nagl wird hellhörig. „Das ist eine gute Sache, das hören wir uns an!", unterbrach Nagl das Zeichnen. „Ich kann mich noch heute erinnern, als ob es gestern gewesen wäre. Diese Sprache, diese präzisen Figuren, diese der Handlung innewohnende Spannung", schwärmt Nagl. Mit Spannung wartete Nagl, wie das Stück heißt, wer es geschrieben hat. Ein gewisser Felix Mitterer: „Idiot". Mitterer, der Idiot, speicherte es sich in Nagls Gedächtnis. Tags darauf kommt Nagl zum prominent besetzten Künstlertisch ins Café Central. Er beginnt vom besagten Hörspiel zu schwärmen und führt aus: „Stellt euch vor, von dem, der es geschrieben hat, spielte der Bub den Idioten." Allgemeines Schmunzeln bis verhaltenes Lachen. Jeder kannte Mitterer, die meisten persönlich, nur Nagl wusste nichts vom aufgehenden Stern der Tiroler Literaturszene. Wilfried Kirschl klärt Nagl kurz und bündig auf: „Weißt du, der, der es geschrieben hat, ist auch der Idiot im Hörspiel gewesen." Allgemeines und jetzt nicht mehr verhaltenes Lachen.

Kennenlernen durfte Nagl den jungen Autor noch längere Zeit nicht.

Die Welt ist ein Dorf, Paris ein Weiler davon

Nicht in Hatting, nicht in Innsbruck durften sich Felix Mitterer und Walter Nagl schließlich begegnen. In Paris sollte es sein, im Rahmen der legendären Ausstellung „Die letzten zehn Jahre von Cézanne", deren Qualität bei Nagl noch heute innere euphorische Erregtheit verursacht. Gereist war er einmal mehr mit Reinhold Traxl, der Paris recht gut kannte, hatte er doch die Stadt schon mehrmals im Zuge von Kulturreisen besucht. Unbekümmert durch die Straßen bummelnd, vermeinte Nagl Wilfried Kirschl erspäht zu haben. Siehe da, es war Kirschl. An seiner Seite seine Frau Heidi und „a jungs Birschl", wie sich Nagl erinnert. Das sei Felix Mitterer, stellte Kirschl den jungen Mann vor. „Da musste ich doch tatsächlich bis nach Paris fahren, um den Mitterer kennenzulernen", lacht Nagl noch heute.

Einträgliche Aufträge, dankbar für jeden

Wenn er jemandem einmal dankbar sei, sei er es ein Leben lang, versichert Nagl und nennt in diesem Zusammenhang eine weitere Person, Dr. Otto Kaspar. Hellhörig geworden durch die Geschehnisse um das Kruzifix, bat Kaspar Nagl zu sich, um für die BTV eine Skulptur in Auftrag zu geben. Gerade zur rechten Zeit, die finanziellen Mittel gingen laut Nagl in Richtung null. Um die Dimension, konkret die Vorgabe der Höhe von ca. 60 Zentimetern etwas flexibler zu gestalten, entschied sich Nagl für einen sitzenden Knaben. Damit war es ihm möglich, etwas mehr in die Breite zu gehen und die Preisgestaltung entsprechend breiter ausfallen zu lassen. Zur Besichtigung des in Arbeit befindlichen Werks erschien Otto Kaspar in Begleitung von Rudi Wach. Damals noch nicht per Du mit Wach, war der Besuch für Nagl eine große Ehre. Das Werk fand Gefallen, und mehr als das. Meinte doch Wach in Richtung Kaspar: „Also Otto, für eine Bank ist das doch viel zu bescheiden, viel zu klein. Da stelle ich mir schon etwas Imposanteres vor." Spontan etwas Imposanteres sollte es zwar nicht werden. Aber der Wink in die richtige Richtung war angekommen und in nächster Zeit sollte das Interesse an Ankäufen deutlich steigen.

Neben der plastischen Arbeit gab es natürlich immer auch die Malerei. Es war Nagl ein großes inneres Bedürfnis, sich auch mit Farben auszudrücken. Mit den Ergebnissen war er allerdings nicht immer zufrieden, zumal so manche Arbeit nasser abgeholt wurde, was mitunter einen Qualitätsverlust zur Folge hatte. Das Modell, wie immer, Gattin Gerda. Wie es dem Ehepaar Nagl in diesen Zeiten ging, sollte man seine Frau besser nicht fragen. Nur so viel sei verraten: „Jede andere Frau wäre mir wahrscheinlich wöchentlich zweimal davongelaufen."

In dieser Zeit erhält Nagl auch Besuch von Hans Peter Haselsteiner, der beeindruckt von seinem Schaffen gleich zwei Bilder kauft und angesichts der finanziellen Situation der Nagls feststellt: „Walter, du arbeitest zu wenig." Der verteidigt sich: „Nein, gerade gestern habe ich ein Bild verkauft. Ich wollte zwar 3000 Schilling dafür, doch der Käufer hatte nur 2000 Schilling. Also gab ich es ihm um 2000." Darauf Haselsteiner: „Du verlangst zu wenig!" Nichtsdestotrotz war Nagl sehr glücklich über die 2000 Schilling. Haselsteiner war es schließlich, der Nagl mit Aufträgen versorgte und gleichzeitig für ein Jahr von der Öffentlichkeit abschirmte. Den Effekt bekam Nagl auf sehr paradoxe Art und Weise zu spüren. Das öffentliche Interesse an Nagl wurde größer und größer. Seine Erklärung dafür: „Sobald die Leute die Leiche nicht mehr riechen ..." Zu nicht weniger Dank fühlt sich Nagl Uli, der Frau Haselsteiners, verpflichtet. „Sie schätzte meine Kunst nicht weniger als Hans Peter, war eine treibende Kraft hinter Hans Peters Engagement für die Kunst und damit ein großes Glück für mich."

Das Glück mit den richtigen Galeristen

Peter Bloch, Sepp Mair und Monika Lami sind Menschen, die mit Nagls Karriere unmittelbar verknüpft sind, hatten diese doch, jeder zu seiner Zeit, als Galeristen großen Einfluss auf die Kunstszene Tirols. Gerade dreißig Jahre alt, hat Nagl seine erste Ausstellung bei Peter Bloch, dem ersten Galeristen Innsbrucks, in der Galerie am Sparkassenplatz. Die Zusammenarbeit währte auf freundschaftlicher wie erfolgreicher Geschäftsbasis über mehrere Jahre. Nach Übergabe der Kleinen Galerie an Sepp Mair wechselt Nagl den Galeristen und verbleibt bei Sepp Mair bis zum plötzlichen Tod Mairs im Jahre 2015. Der überraschende Tod ist für Nagl ein schwerer Schock. Parallel zur Galerie Mair gab es aber auch noch für einige Zeit die Zusammenarbeit mit einer sehr bekannten Galerie in Landeck bzw. Wien. Die Eröffnung der Galerie Elefant im Jahre 1972 unter der engagierten Galeristin Monika Lami eröffnete Nagl neue Perspektiven. Vierzig Jahre lang war Lami die personifizierte Institution für moderne Kunst in Tirol mit Verbindungen nach Wien, wo sie ebenfalls eine Filiale der Galerie Elefant betrieb, um Tiroler Künstlern und Künstlerinnen in Wien ein Podium der Präsentation und Begegnung zu bieten. Für Nagl dauerte die Zusammenarbeit mit Monika Lami exakt zehn Jahre. Diese Zeit war eine Zeit der sehr intensiven Begegnungen. Der Kreis der Oberländer Künstlerschaft war ihm bis zu diesem Zeitpunkt nur sehr wenig vertraut. Freilich, er kannte die Namen Elmar Kopp, Herbert Danler oder August Stimpfl. Aber bis zu diesem Zeitpunkt waren ihm Chryseldis Hofer-Mitterer, Irmengard Schöpf, Norbert Strolz, Gerald Nitsche, Erwin Reheis, Andreas Weissenbach, Christine Ljubanovic, Franz Xaver Hauser, Elmar Peintner oder Norbert Pümpel wenig bis gar nicht bekannt. Der „Kreis der Elefanten", verbunden mit den zahlreichen Ausstellungen und Aktivitäten, war für Nagl eine äußerst spannende Zeit, eine Zeit sehr anregender Inspirationen durch das Künstlergespräch, durch den Gedankenaustausch.

Bilder wie Fresken, magisch, schleierhaft schön, aber Nagls Gesundheit abträglich

Auf die Frage von Felix Mitterer im Rahmen der Zeitzeugengespräche im Casino, wie Nagl es schaffe, seine Werke mit der Magie des schleierhaft Schönen freskengleich auszustatten, verrät Nagl sein Rezept: „Angetan von den wunderbaren Fresken in Italien, wollte ich Bilder in dieser Manier machen. Durchsichtig, fragil, vom Bildgrund nach oben dringende Schönheit, verschleiert, vieles, aber nicht alles preisgebend, das sollte zu meiner künstlerischen Intention werden." Er wollte nicht „draufmalen" auf die Leinwand, er wollte „hineinmalen" in die Leinwand. Immer sei es ihm nicht gelungen, so manche Leinwand habe er totgearbeitet. Er arbeite in dünnen Schichten, nicht jedoch, wie irrtümlich oft angenommen werde, in Lasuren. Immer mit Substanz, was für ihn die Verwendung von Bleifarben geradezu bedingte. Die Verwendung dieser hochgiftigen Farben sollte für Nagl allerdings ein gesundheitliches Nachspiel haben. Da er das Farbpulver eigenhändig anrührte, nahm er das Schwermetall Blei über den Hautkontakt und das Atmen im Körper auf. Die Folge jahrelanger Vergiftungen waren schwerste gesundheitliche Probleme. Nach unzähligen Arztbesuchen war es schließlich eine mehrmonatige Bioresonanz-Kur, welche Besserung und schließlich die Heilung brachte.

Es gibt aber auch so etwas wie ein zweites Leben. Nein, nicht jenes nach dem Tod. Die Rede ist von dem nach schwerster Krankheit wiedergegebenen Leben, welches das Leben davor meist in einem ganz anderen Licht erscheinen lässt. Auch um ein solches Leben weiß Walter Nagl nach wochenlangem Aufenthalt auf der Intensivstation der Klinik Innsbruck Bescheid. Die dort gemachten Erfahrungen und daraus gewonnenen Erkenntnisse veranlassten ihn im Rahmen des Zeitzeugengesprächs zur heiteren Bemerkung, dass bei Gehaltserhöhungen zuallererst an das Pflegepersonal und an die Ärzte und nicht an Politiker gedacht werden müsste.

Alle Zeit der Kunst, nicht dem Kunstbetrieb

Dass Walter Nagl zeit seines Künstlerdaseins niemals der „große" Aussteller war, ist hinlänglich bekannt. Freilich müsse man ausstellen, um als Künstler überhaupt wahrgenommen zu werden, versichert Nagl. „Aber ehrlich gesagt war mir das Ausstellen immer viel zu beschwerlich. Das Organisieren, das Transportieren, das Präsentieren, diese Tätigkeiten implizieren geradezu eine völlig andere Welt als die des Kunstschaffens." Doch dank seines rührigen Galeristen Sepp Mair kamen Kunstinteressierte und Freunde Nagls immer wieder in den Genuss einer Ausstellung. Ein ebenso treuer Galerist in Augsburg sorgte dafür, dass man auch in Deutschland das Werk Nagls kennenlernen durfte. Eine markante Werksgruppe im öffentlichen Raum ist im Gelände und in der Klinik Innsbruck zu bewundern. Preise gab es für Nagl auch, und die müsse man sich hart erarbeiten, versichert er. 1960 war es der Meisterschulpreis, dem 1962 die Silberne Füger-Medaille folgte. Im Jahre 1963 wurde Nagl mit dem Kardinal-König-Preis ausgezeichnet, das Jahr 1969 brachte den Theodor-Körner-Preis. Anfang der 70er Jahre wurde Nagl für sein Schaffen mit dem Professor-Titel gewürdigt.

Drei Frauen, einst in einem Garten

Befragt nach Werken, welche ihm ganz speziell am Herzen lägen, antwortete Nagl ganz spontan: „Die drei Frauen" in der Klinik Innsbruck. Das Gesamtkonzept der Erweiterung der Klinik Innsbruck durch die Frauen- und Kopfklinik sah die Einbindung von Kunst vor. Auf Empfehlung von Rudi Wach wurde Nagl beauftragt, drei Frauenfiguren für den von Wach konzipierten Labyrinthgarten zu schaffen. Den Auftrag dafür erhielt Nagl im Jahre 1984. Für die Fertigstellung wurde ihm ein Jahr Zeit gegeben. Dass dieser Zeitraum viel zu knapp bemessen war, musste Nagl sehr bald feststellen und er ersuchte Wach, für eine Fristverlängerung bei den zuständigen Herrn vorzusprechen. Daraufhin kam der Architekt Hubert Prachensky in seiner Funktion als Prinzipat der Arbeitsgemeinschaft mit einem kleinen Gefolge von Mitarbeitern nach Hatting ins Atelier zu Nagl. Beeindruckt von den entstehenden Plastiken, klopfte er Nagl auf die Schulter und meinte: „Jetzt lassen wir den Nagl einfach arbeiten." Viereinhalb Jahre durfte sich der Künstler schließlich, ohne Zeitdruck, ganz seiner Arbeit widmen. In den Jahren 1989 und 1990 kamen die Plastiken nach Mailand in die Gießerei de Andreis, um gegossen zu werden. Über das Werden dieser Kunstwerke, von der Auftragsvergabe bis zu ihrer Vollendung, hat Volkmar Hauser in einem Sonderdruck der Zeitschrift *Tirol* im Sommer 1992 ebenso geschrieben wie über die schöpferischen Qualitäten, den künstlerischen Wert und die emotionalen Ansprüche der Werke. Von intensiver Energie, von erstarrter Magie, vom Einklang mit dem Raum ist ebenso die Rede wie von höchsten ästhetischen Ansprüchen, und Hauser bringt das den Kunstwerken innewohnende emotionale Potential poetisch auf den Punkt: „Drei Frauen in einem Garten. Ein tiefes Schweigen in dir selber, das von den Figuren gesammelt und wieder ausgestrahlt wird." Die drei Frauen wurden inzwischen auf Grund weiterer Baumaßnahmen an anderen, sehr frequentierten Orten platziert. Direkt vor der Kopfklinik ist es eine Liegende, welche den Passanten ins Auge sticht. Je eine stehende Figur ziert die Westseite bzw. das Atrium des Medizinzentrums Anichstraße.

Die Vergangenheit bekommt bekanntlich eine tiefere Logik, je weiter man sich von ihr entfernt hat. Und da kommen einmal mehr die Kindheitserinnerungen ins Spiel. In ihnen kann man bereits jene Tiefe erahnen, die Nagl immer in seinen Werken auszuloten versuchte. Aus Angst, die eigenen Visionen als Künstler nicht verwirklichen zu können, nehmen viele Künstler Zuflucht bei der Vision etablierter Künstler. Nicht so Nagl. Das Wissen, mit dem, was er kann, zu erreichen, was er von der Kunst erhofft, beflügelte Nagls Schaffen all die Jahre. So blieb er sich stets treu, selbst in Zeiten größter existentieller Nöte. Und der Ratschlag seines Mentors Herbert Boeckl sollte sich in jeder Beziehung erfüllen: „Kontrollieren Sie sich selbst. Je einfacher der Begriff ist, umso größere Klarheit verlangt er. Das zu erreichen geht nicht auf einmal, haben Sie Geduld. Sie sind in den glücklichen Jahren. Hoffentlich können Sie im Alter auf etwas hinweisen, dessen Existenz Sie jetzt bestenfalls ahnen können." Nagl kann auf etwas hinweisen, das er so vielleicht nicht erahnen konnte, dessen Erfüllung sich aber in einer konsequenten Arbeitshaltung von selber ergeben musste.

Felix Mitterer, der Künstler des Wortes über den Künstler der Bilder

Die Kunst Nagls weit über den kunsthistorischen Kontext hinaus beschrieben, auf die Metaebene der Emotionalität gestellt hat einer der besten Freunde Nagls, der Schriftsteller und Zeitzeugen-Moderator Felix Mitterer. Zur Ausstellung in der RLB-Kunstbrücke Innsbruck im Jahre 2001 schrieb der bekennende „Nur"-Kunstliebhaber über seinen Freund Walter Nagl im zur Ausstellung erschienenen Katalog: „Ich möchte festhalten, dass die Kunst von Walter für mich Erholung bedeutet, Erholung vom aufdringlichen Lärm unserer Zeit, Erholung von der Bilderflut, die über die Medien auf uns einstürmt, Erholung von der Unruhe und Unrast und Hässlichkeit in unserer einstmals heilen Landschaft. Walters Bilder sind im höchsten und besten Sinne einfach, sie strahlen eine meditative Stille aus, sie bergen ein Geheimnis, das unserem Auge und unserer Seele wohl tut. Und seine weiblichen Plastiken verzaubern und wecken ein tiefes, zärtliches Gefühl in uns. Man möchte diese Frauen streicheln, sie zart an der Schulter berühren, am Bauch, an den Brüsten, und das alles hat mit Innigkeit zu tun, mit Liebe, mit Sehnsucht nach dem verlorenen Paradies. Woher kommt das? Es kommt daher, dass dieser Künstler, dieser Meister seiner Bilder, seine Plastiken mit eben dieser Innigkeit, Liebe und Sehnsucht aus seiner Seele heraus für uns erschafft." Zudem lässt Mitterer, einer der ganz großen Erzähler und Meister der dramatischen „Verdichtung", seinen Freund Nagl wissen, dass er, Walter Nagl, ein Erzähler von Gottes Gnaden sei, ein Erzähltalent ohnegleichen, und das könne, was vor der Schrift, vor den Schriftstellern war, nämlich durch Rede erheitern, in den Bann ziehen, verzaubern.

Walter Nagl umgeben von meisterlichen Werken in seinem Bildhauer-Atelier, 2016

In der Ruhe liegt die künstlerische Kraft: Walter Nagl voll konzentriert in seinem Maler-Atelier im Sommer 2016.

Walter Nagl mit Gattin Gerda, Seele des Hauses und Modell der ersten Wahl, zuhause in Hatting im Sommer 2016

Ein Blick zurück, ein Blick nach vorne

Auf die Frage, ob er denn, als er damals an die Akademie nach Wien kam, eine konkrete Vorstellung gehabt hätte, in welche Richtung stilistisch und technisch er gehen wolle, antwortete Nagl: „Nein, diese Vorstellung hatte ich nie und habe ich noch immer nicht. Ich weiß, dass sehr viele kunstbegabte junge Leute mit sehr fixen Vorstellungen an die Akademie kommen. Sie glauben zu wissen, welcher Professor für die Verwirklichung ihres Traums vom großen Künstler der ideale wäre. Aber so funktioniert Kunst nicht. Die Kunst des Kunstschaffens besteht darin, zu sich selbst zu finden. Wie ich bereits erwähnt habe, kann kein Professor seinen Schüler zum Meister machen. Der Professor kann dem Schüler bestenfalls nur helfen, die Kunst in sich selbst zu finden. Und andererseits, um Nietzsche zu zitieren, belohnt der Schüler seinen Lehrer schlecht, wenn er immer nur sein Schüler bleibt." Die Problematik, ideale Bildentsprechungen für die eigenen Gedanken, Vorstellungen und Ideen zu finden, bliebe immer dieselbe, ob als Student oder als etablierter Künstler, versichert Nagl. Auch heute sei es für ihn noch so ähnlich wie damals an der Akademie. Kaum beginne man mit der Arbeit, stehe man schon vor einem Problem. Dieses Problem zu lösen, darin bestehe die Kunst. Dafür gebe es keine Formel, kein Rezept, nur die konzentrierte, ernsthafte Arbeit. Und habe man eine Lösung für das Problem gefunden, so bedeute das Freiheit. Pläne für die Zukunft, auch die gibt es. Sofern es die Gesundheit erlaube, werde er weiter arbeiten wie bisher, werde er versuchen, Lösungen zu finden für die Probleme, welche seine Kunst ihm stellt. Mit den Ausstellungen werde er es so halten wie bisher: „Mal sehen, was kommt."

Auf einen Kaffee mit Leopold Wedl

Von Massimiliano Strozzi

Leopold Wedl im Gespräch mit Moderator Felix Mitterer

Diesen Tag im Jahr 1943 wird Leopold Wedl nie vergessen. Der Zweite Weltkrieg hatte Europa in ein Schlachtfeld verwandelt und der Fliegeralarm gehörte zum Alltag vieler Tiroler. „Eines Tages sind wir mit unserem Auto nach Tulfes gefahren, rauf in Richtung Glockenhof", erinnert sich der Unternehmer. „Der Pkw war damals der Behelfslieferwagen unseres Familienbetriebs, weil die Hälfte unserer Lkw für den Krieg eingezogen wurde." Am Weg nach Tulfes steht auf der rechten Straßenseite eine Kapelle, gegenüber, links von der Straße, lag der Luftschutzkeller. „Alle sind im Freien gesessen, der ganze Hang war voller Leute", erinnert sich Wedl. „Plötzlich hörten wir die Flugzeuggeräusche und die Menschen stürmten in den Luftschutzkeller. Ich rannte ebenfalls Richtung Bunker, als ein russischer Kriegsgefangener über mich gestolpert ist. Ich bin gestürzt, war wie gelähmt und hab's nicht mehr in den Keller geschafft. Dann flogen bereits die Flugzeuge über meinen Kopf hinweg – so nahe, dass ich noch heute jedes Detail der Flieger aufzeichnen könnte. Links und rechts von mir schlugen die Maschinengewehrsalven ein. Bis in einer kurzen Feuerpause der Russe wieder aus dem Bunker sprang und mich in den Luftschutzkeller schleppte." Als Wedl im Juni 2016 im Casineum Innsbruck diese Anekdote erzählt, geht es ihm wie jedem, der die Kriegswirren miterleben musste: Selbst Jahrzehnte später lassen sich die Emotionen über das Erlebte nicht unterdrücken.

Geboren am 3. Dezember 1938, war Leopold Wedl bei diesem Flugzeugangriff knapp fünf Jahre alt und half beim Haller Handelsbetrieb seiner Eltern mit. Zu diesem Zeitpunkt war das Familienunternehmen bereits rund 40 Jahre alt und galt entsprechend als „g'standener" Betrieb. Gegründet hatte das Unternehmen sein Großvater Leopold Wedl I., ein Niederösterreicher aus Waidhofen. Erst führte er in Innsbruck eine Konsumfiliale, bis er sich selbstständig machte und 1904 in Hall in Tirol das Hibler-Geschäft, ein Kolonialwaren- und Spezialwarengeschäft, erwarb. Später heiratete er die Ladnerin, seine erste Verkäuferin, die aus Kirchberg stammte. Gemeinsam legte das Ehepaar mit ihrem Laden den Grundstein für ein Imperium, das im Lauf von mehr als 100 Jahren zu einem Konzern mit 1300 Mitarbeitern und weltweit 530 Millionen Euro Umsatz wachsen sollte.

Anfangs musste das Gründer-Ehepaar noch im eigenen Geschäft auf Kistenbrettern schlafen, weil sie noch kein Bett und keine Wohnung hatten, wie der nunmehrige Firmenchef Leopold Wedl erzählt – gewissermaßen Leopold III., der Vorname wurde über mehrere Generationen weitervererbt. Firmengründer Leopold I. starb 43-jährig im Zweiten Weltkrieg. Leopold Wedls Vater, also Leopold II., trat in den 1920er-Jahren in den Betrieb ein, der später in eine Familien-Kommanditgesellschaft umfirmiert wurde. Schon damals stieg die Firma in kleinem Ausmaß auch ins Kaffeegeschäft ein. Zunächst wurde der Kaffee schlicht in der Pfanne geröstet, kurz darauf bereits mit Hilfe des ersten Kugelrösters in Tirol. Wedl II. war es auch, der mit dem Großhandel begann und auf dem Fahrrad die Umgebung abfuhr, um Aufträge an Land zu ziehen. Der allererste Auftrag: ein 50-Kilogramm-Sack Reis und eine 20-Kilogramm-Kanne Petroleum für ein Gemischtwarengeschäft in Wattens. Mitte der 30er-Jahre leistete er sich einen Lkw – den ersten in ganz Hall –, was den Großhandel naturgemäß enorm erleichterte. Die Flotte wuchs bald auf fünf bis sechs Laster, bis Anfang der 40er-Jahre die Hälfte der Fahrzeuge für den Kriegsdienst eingezogen wurde.

Wedl senior galt auch als sehr musikalisch, erzählt sein Sohn. Er spielte Klavier und Violine, war Teil des Haller Symphonieorchesters und griff auch selbst zur Feder, um Stücke zu komponieren. „Sein schönstes Lied, und bestimmt auch sein Meisterwerk, war ‚Die kleine Stadt um Mitternacht', in dem die Stadt Hall besungen wird", erinnert sich Wedl. Den Versuch, das musikalische Talent auf ihn zu übertragen, kann man seinem Vater nicht absprechen. „Ich begann als Kind auch selbst mit dem Klavierspielen und besuchte in Hall in die Musikschule", erzählt der 78-Jährige. Höhepunkt seines musikalischen Schaffens: ein Konzert, bei dem er als Siebenjähriger und sein Musikprofessor gemeinsam vierhändig am Klavier spielten. „Weil ich aber in Latein schlecht war, zog mein Vater irgendwann die Notbremse: Ich musste das Klavierspielen sein lassen und Latein lernen – genützt hat das alles aber auch nichts", schmunzelt er.

Ein „schüchternes Buberl" sei er gewesen, räumt der selbstbewusste Unternehmer heute ein. Im Alter von fünf Jahren kam er bereits in die Volksschule. „Von der Reife her hätte ich wohl eher mit sieben Jahren einschulen sollen", sagt er. Als Neunjähriger wechselte er ins Gymnasium. Ein Elitegymnasium in Hall, in dem die Schüler auch ordentlich gefordert wurden: Von 78 Klassenkameraden schafften es nur sieben bis zur Matura, und drei davon schlugen später einen sakralen Lebensweg ein und wurden Franziskanerpater. Für Wedl reichte es nicht zur Matura, Latein entpuppte sich als seine Achillesferse.

Der spätere Großunternehmer lernte als Junge viel vom Leben selbst. Disziplin, Durchsetzungsvermögen – Eigenschaften, die sich erst bei den Pfadfindern zu entwickeln begannen, denen er als Zwölfjähriger beitrat, als verunsicherter junger Bursch. „Bei den Pfadfindern bin ich durch viele Abenteuer gefestigt worden, habe an Lebenserfahrung gewonnen und wurde abgehärtet", wie Wedl schildert: „Bei den Pfadfindern ist schließlich auch recht viel gerauft worden", lacht er. Zum „Kornett", also zum Führer einer Gruppe, sei er allerdings nie aufgestiegen. Ganz im Gegenteil: „Im Sommerlager in Lochau musste ich die Kochprüfung absolvieren, hatte aber keine Ahnung vom Kochen. Ich gab die Nudeln ins kalte Wasser und wenig überraschend waren sie nicht essbar. 30 Pfadfinder sind mir nachgelaufen und haben mich verprügelt, weil sie nichts zu essen bekommen haben." Überhaupt habe er in seinen Jugendjahren „wilde Dinge aufgeführt, die ich rückblickend gar nicht schildern möchte". Ob es später als Unternehmer von Vorteil ist, ein bisserl ein Schlawiner zu sein? „Ich glaube, die ganz Braven werden unscheinbar durchs Leben gehen", ist Wedl überzeugt.

Es sind vielmehr andere „Schockerlebnisse" aus seiner Jugendzeit in den 1950er-Jahren, die auch Jahrzehnte später seine Einstellung als Unternehmer prägen. Es sind solche Ereignisse wie jene mit den US-Pfadfindern während des „Jamboree", des Weltpfadfindertreffens 1951 in Bad Ischl in Oberösterreich. „Ich erinnere mich noch genau, wie es mich damals schockiert hat, dass der Truppführer der US-Pfadfindergruppe darauf bestand, bei uns in Österreich das Wasser mit Chlor zu desinfizieren. Was bei unserer Wasserqualität überhaupt nicht nötig war. Doch die USA kennen auch heute nichts anderes, als alles mit Antibiotika zu behandeln. Und wundern sich dann, wenn sie keinen Windstoß mehr vertragen und sofort krank werden." Solche Erinnerungen prägten seine Einstellung auch lange Zeit später als Unternehmer, etwa in der Diskussion um den Freihandelspakt TTIP zwischen der EU und den USA, die sich in den Jahren 2015/2016 zuspitzte. Das „Chlorhuhn" aus den USA galt für die Gegner des Abkommens stellvertretend für die Gefahren, die Europas Lebensmittelbranche durch den Handelspakt drohen würden. Der Unternehmer Wedl zählt sich ebenfalls zu den Kritikern – nicht gegenüber dem Pakt als solchem, sondern gegenüber diversen Inhalten, wie sie noch Anfang 2016 in Verhandlungspapieren standen: etwa in puncto Geheimverhandlungen, Gerichtsbarkeit, Landwirtschaft und Macht der Großkonzerne – doch dazu später mehr.

Wer die westliche Welt der 1950er- und 1960er-Jahre aus Erzählungen kennt, dem wird das Bild einer ausgelassenen Jugend vermittelt, die gegen starre Regeln und die Weltanschauung des biederen Elternhauses rebelliert und im Alltag die Aufbruchsstimmung der Nachkriegszeit auslebt. Wedl sieht sich nicht unbedingt als ein typischer Vertreter dieser Generation. Dennoch kam ihm und dem Familienbetrieb der Zeitgeist von damals entgegen. „Es war der Aufbruch in eine neue Zeit. Von 1947 an ging es wirtschaftlich nur aufwärts – bis ins Jahr 2000", erzählt Wedl: „Wenn aus einer zerbombten Gegend alles neu geschaffen wird – das motiviert die gesamte Bevölkerung." Das Einkommen der Menschen stieg, und damit der Wohlstand. „Mein Vater hat mich dagegen finanziell sehr schmal gehalten", erinnert er sich. Als ihn sein Vater nach der Ausbildung in den familieneigenen Betrieb holte, erhielt er 2000 Schilling im Monat – nicht gerade übertrieben viel, wie er befindet. Da hatte Wedl die Handelsschule, die Spirituosenfachschule in Wien und ein Praktikum in der Edelbrennerei Hofkirchner in Klosterneuburg absolviert. Von diesem Betrieb hatte die Firma Wedl gebranntes Destillat aus französischem Charrond-Wein zugekauft, zur Herstellung des hauseigenen Ratsherrn-Weinbrands. Das Handelshaus Wedl verfügte über eine Maria-Theresien-Konzession, mit der man „so ziemlich alles produzieren durfte", wie Wedl betont. Später allerdings habe der Betrieb die eigene Spirituosenproduktion eingestellt. „Der Trend ging nämlich zu Billigmarken oder zu den ganz hochgestochenen Marken." Die allererste Erkenntnis, die der Jungspund hatte, als er Mitte der 1950er-Jahre knapp 18-jährig im elterlichen Unternehmen einstieg, war jedenfalls eine, die ihn auch weite Teile seines langen Unternehmerlebens begleiten wird: Die Firma Wedl sollte expandieren.

Bis zu diesem Zeitpunkt beschränkte sich der Aktionsradius des Handelshauses auf wenige Kilometer rund um den damaligen Stammsitz in Hall. „Wir lieferten ins Oberland nur bis Silz und ins Unterland nur bis Jenbach", schildert Wedl. „Das war aus meiner Sicht viel zu wenig. Also sagte ich damals meinem Vater: So geht das nicht weiter, wir müssen expandieren. Gib mir ein Auto und ich liefere raus bis ins Außerfern." Den Autowunsch bekam er nicht erfüllt, also schaffte er sich selbst einen fahrbaren Untersatz an. Er kaufte einen Fiat E 1100, mit dickem Blech, aber einigen technischen Schwachstellen. „Mit diesem Auto habe ich bis ins Ötztal, nach Imst, Landeck und Reutte geliefert, im Unterland bis nach Kufstein." Bis eines Tages bei einem Unfall sein Auto in zwei Teile zerbrach und das Heck in der Innsbrucker Sillschlucht landete. „Das einzig Positive am Unfall war: Er hat mich vom Wehrdienst befreit", lacht Wedl heute.

Zwei Mitarbeiterinnen bei der Gewürz- und Kaffee-Verpackungsmaschine

Der erste LKW in Hall Anfang der 1930er Jahre

Der alte Haller Fischmarkt war der erste Standort von Gründer Leopold Wedl I.

„Der Leopold ist euer Chef"

Sein Engagement in frühen Jahren sollte sich dennoch auszahlen und mit der Expansion in Tirol auch die persönliche Verantwortung bald wachsen. Sein Vater hatte ihn zu seinem Nachfolger erkoren, der Sprung an die Spitze des Familienbetriebs war allerdings auch getrübt von zwei familiären Schicksalsschlägen. Mit gerade einmal 25 Jahren hievte ihn Leopold senior 1963 in den Chefsessel, begleitet von einer für alle Familienmitglieder unmissverständlichen Ansage, wie Wedl ausführt: „Mein Vater hat mich auf seinen Sessel gesetzt und hat allen Mitarbeitern klargemacht: ‚Das ist der Leopold und er ist ab sofort euer Chef.'" Manche hätten ihn als neuen Boss zähneknirschend akzeptiert, manche durchaus wohlwollend. Er selbst sei die neue Aufgabe und Rolle mit Begeisterung angegangen. „Ich machte das aus Überzeugung, und ich wollte das Unternehmen vergrößern", erzählt er. Auch gesamtwirtschaftlich ging es bergauf. Es war die Zeit, als sich die großen Handelsketten formierten.

Als ein Jahr nach seinem Wechsel an die Firmenspitze sein Vater, der an einem Herzklappenfehler litt, 58-jährig verstarb, war dies der erste von zwei schweren Verlusten innerhalb kurzer Zeit, den die Familie verarbeiten musste. Nach seinem Vater verlor Neo-Firmenchef Leopold auch bald seinen um fünf Jahre jüngeren Bruder Hans. Hans, Tiroler Jugendmeister im Eiskunstlauf, besuchte zunächst die Schule in Hall, wechselte später in ein Internat in Vorarlberg. „Er war ein sehr kommunikativer Typ, hatte aber furchtbar Heimweh", kann sich Wedl noch gut an die Leiden seines Bruders erinnern. Mit 18 Jahren zog es Hans in die Schweiz, um in der Handelskette Konsum ein Volontariat zu absolvieren. „Er wohnte in einem Kloster. Eines Tages rief er an und erzählte, dass er gegen Pocken geimpft worden sei – und zwar ohne jegliche Vorimpfung", schildert Wedl: „Einen Erwachsenen ohne Vorimpfung gegen Pocken zu impfen, ist fast ein Todesurteil. Zwei Jahre später ist er mit 21 Jahren jämmerlich zugrunde gegangen." Völlig deformiert sei er gewesen und auf 37 Kilogramm abgemagert. „Für mich stand einwandfrei fest, dass er an den Folgen der Pockenimpfung starb, auch wenn es die Ärzte so nie festgestellt haben", ist Wedl überzeugt.

Als er 1963 die Führung des Familienbetriebs übernahm, setzte das Handelshaus rund 28 Millionen Schilling um. Direkt umgerechnet, also ohne Berücksichtigung der Inflation, wären es im Jahr 2016 etwa zwei Millionen Euro gewesen. Insgesamt zwölf Personen waren am Unternehmen beteiligt. Neben der Familie Wedl auch noch die Familie Hofmann sowie weitere Gesellschafter. Hofmann Senior, ein Banker, der die Finanzen des Unternehmens führte, hatte Wedls Tante geheiratet. Schnell machte sich Junior-Chef Leopold Wedl in der Branche einen Namen. So wurde er beispielsweise in der in Wels angesiedelten Fachring-Handelsgemeinschaft von sieben anderen Unternehmern zum Präsidenten gewählt – als Handelsschulabsolvent war er dort der einzige Nicht-Akademiker. „Durch diese Funktion im Fachring ist auch mein Selbstbewusstsein enorm gestiegen", gesteht er. Die Präsidentschaft sei zudem ein bedeutender Schritt gewesen hin zu internationaler Anerkennung des eigenen Unternehmens. Sein Selbstbewusstsein sollte zwei Jahre später noch weiter gestärkt werden. Damals, 1965, lud das deutsche Waschmittelunternehmen Henkel (Persil, Schwarzkopf) zu einem Meeting in Südafrika. 20 Personen nahmen unter der Leitung zweier wissenschaftlicher Größen, Universitätsprofessor Kulhavy von der Johannes Kepler Universität Linz und Professor Theuer von der Hochschule für Welthandel in Wien, teil. „In Fünfergruppen haben wir im Busch beim Lagerfeuer darüber nachgedacht, wie der Lebensmittelhandel zehn Jahre später ausschauen würde", erzählt der Tiroler Top-Manager. Sämtliche Größen der Branche saßen mit im Flugzeug: Vertreter der Handelskette Konsum etwa, damals noch Marktführer, waren ebenso dabei wie die Chefs von Spar, Meinl oder Billa-Chef Karl Wlaschek. Dazu eben die beiden Professoren, die in bestem „business-english" den wissenschaftlichen Teil zum Programm beitrugen. Was Wlaschek damals zur Bemerkung veranlasste: „Ich kann zwar kein Englisch, aber jetzt weiß ich wenigstens, wie das heißt, was ich die ganze Zeit mache." Von Wlaschek, der sich erst unter dem Künstlernamen „Charly Walker" als Bar-Pianist durchschlug, eher er später die Handelskette Billa („Billiger Laden") gründete, war Wedl besonders angetan: „Er war ein bewundernswerter Manager mit einem unheimlichen Gespür für den Handel", schwärmt er. Zurück aus Südafrika wurde Wedl, damals 27-jährig, von den Größen der Branche als einer von vier Vertretern ausgewählt, die Ergebnisse ihrer Zukunftsvisionen vor rund 200 Journalisten zu präsentieren – für den jungen Aufsteiger eine besondere Geste der Würdigung. „Mit solchen Dingen wächst du", sagt der Haller: „Und ich wollte immer schon weiterkommen. Ich war geprägt vom Geschäft und vom Erfolg."

Der Zusammenschluss der Händler zum Fachring vergrößerte sich nach und nach, wurde zur „Zentralen Einkaufs und Vertriebsgesellschaft" umfirmiert, kurz ZEV. Und innerhalb dieser Einkaufsgemeinschaft wurde eines Tages auch der Grundstein für einen Zukauf gelegt, mit dem dem Wedl-Betrieb, der 1967 von Hall nach Mils übersiedelte, der Sprung über die Grenzen Tirols und der Einstieg ins Gastronomiegeschäft gelang. „Beim ZEV lernte ich Kommerzialrat Alois Dick kennen", beschreibt Wedl den ersten Kontakt zum Salzburger Unternehmer: „Im Lauf der folgenden Jahre fragte er mich mehrmals, ob wir Interesse hätten, sein Unternehmen zu übernehmen." 1978 war die Zeit schließlich reif dafür. „Da haben wir die Firma Dick in Salzburg übernommen. Sie waren sehr stark gastronomielastig und mit dieser Übernahme sind wir erst richtig ins Gastronomiegeschäft eingestiegen – heute ist das unser Schwerpunkt." Die damals neu gegründete „Wedl&Dick Gesellschaft" markiert einen Meilenstein in der Unternehmensgeschichte. Mit dieser Übernahme verdoppelte sich der Umsatz der Wedl-Gruppe schlagartig von 400 auf 800 Millionen Schilling. „Das war für uns ein Quantensprung und hat uns in ganz Österreich viel Ansehen gebracht", sagt Wedl über den Coup. Nach einer Konsolidierungsphase setzte der Betrieb seine Expansion fort. In Kärnten wurden der C+C („cash and carry")-Abholmarkt der Unternehmerfamilie Essl, die Firma Fian in Spittal und die Firma Durnegger übernommen und zu einem Unternehmen verschmolzen. Darüber hinaus kaufte Wedl auch C+C-Betriebe in Oberösterreich und eröffnete im selben Jahr, 1992, auch den eigenen C+C-Markt in Innsbruck. „Das waren damals gleich mehrere Kraftakte auf einmal", blickt Wedl zurück. Fast zeitgleich ging er mit einem weiteren Unternehmen in Südtirol eine 50–50-Partnerschaft ein, woraus sich im Lauf der Jahre einer der führenden Gastronomie-Zulieferer in ganz Oberitalien entwickelte. Die Expansion erleichterte auch das Netzwerken. Mittlerweile war Wedl zum Präsidenten der Einkaufsgemeinschaft ZEV gekürt worden, womit auch seine repräsentativen Aufgaben zunahmen und sich die Kontakte zur österreichischen Politik festigten. „Es war sehr interessant, bei vielen Auftritten dabei zu sein, Ansprachen zu halten", räumt er ein. Etwa an der Seite des ehemaligen Bundespräsidenten Rudolf Kirchschläger auf der Bühne zu stehen oder später gemeinsam mit dem langjährigen Tiroler Landeshauptmann Wendelin Weingartner, mit dem Oberösterreichischen Landeschef Josef Pühringer, mit Niederösterreichs Landeshauptmann Erwin Pröll

Reden zu halten. „Diese Erlebnisse haben mich geformt und auch weitergebracht", gesteht Wedl.

Aldi aus Tirol

Die Übernahme des Dick-Geschäfts im Jahr 1978 war auch in einem anderen Zusammenhang interessant und – wie sich später herausstellen sollte – äußerst lukrativ. Es war die Zeit, als Diskonter sich auf den Weg machten, den etablierten Lebensmittelhändlern den Preiskampf anzusagen. In den 80er-Jahren, mitten im Diskont-Fieber, schielte auch die deutsche Aldi-Kette, Mutter aller Billigläden, auf den österreichischen Markt. „Mein Anwalt rief mich eines Tages an und teilte mir mit, dass Aldi in Österreich den Schutz seiner Marke eingereicht hat", erinnert sich Wedl. Die Marke Aldi war in Österreich allerdings bereits durch Wedl geschützt. Dick-Chef Alois Dick hatte – lange vor dem deutschen Diskonter – aus den beiden Anfangsbuchstaben seines Vor- und Nachnamens die Marke Aldi kreiert und sie in Österreich sichern lassen. Durch die Übernahme der Dick-Gesellschaft durch die Tiroler war auch die Marke Aldi auf die Wedl-Gruppe übergegangen. „Meinen Anwalt hab ich natürlich sofort aufgerufen, den Angriff auf unsere Marke abzuwehren", erzählt Wedl. Er schildert, wie es daraufhin mit Aldi-Verhandlern zu einem ersten Treffen in Wien kam. Wedl hatte ihnen zuvor die Summe übermittelt, unter der er bereit war, die Markenrechte abzugeben: „Als mir bei dem Treffen nur die Hälfte der Summe angeboten wurde, hab ich mich sofort umgedreht und bin nach Hause geflogen." Im Firmensitz in Tirol angekommen, hatte sein Büro bereits zehn Anrufe der Aldi-Verhandler notiert. Es folgten mehrere Gesprächsrunden, bis man sich über die Ablösesumme einig war. „Wir haben uns schließlich auf einen sehr guten Preis geeinigt", sagt Wedl. Genaue Summen will er nicht nennen, sein Gegenpart soll aber später eingestanden haben, gegen ihn „die einzige Verhandlungsniederlage" erlitten zu haben.

Auf der Diskonter-Welle ritten damals auch die Tiroler selbst. „Dort ging der Trend hin", wusste auch Wedl: „Also haben auch wir uns gedacht, wir müssen mit einem Diskonter expandieren, und gründeten selbst einen." Bundesweit kam man mit der „Ledi"-Diskonterkette auf stolze 70 Filialen. Der Aufbau des Diskonter-Konzeptes verschlang allerdings auch Unsummen. „Die Aufbauphase hat uns sehr viel Geld gekostet. Wir waren schon in Wien, Vorarlberg, Kärnten, Salzburg und Steiermark präsent, hätten aber noch viel mehr Geld reinstecken müssen, um rund 200 Filialen aufzubauen." Schließlich wurde das Unterfangen zu teuer, man zog die Reißleine. Wedl: „Das ging letztlich so weit, dass wir gezwungen waren, die Topdiskont abzugeben, um das ursprüngliche Unternehmen zu erhalten." Eines Tages habe sich schließlich die Handelskette Zielpunkt – damals in Besitz der Unternehmensgruppe Tengelmann – angeboten, die Diskonter-Filialen zu übernehmen. „Die Firma habe ich dann zu einem guten Preis verkauft", erinnert sich Wedl. Trotzdem: Die Erkenntnis, den Diskonter abgeben zu müssen, empfindet der Unternehmer rückblickend als eine Art Niederlage, „wenngleich der Deal finanziell ein großer Erfolg war". Einen ähnlichen Werdegang erlebte er auch mit Drogeriemärkten. Mit dem eigenen Drogeriemarkt unter dem Namen „Aspella" hatte er versucht, auch in diesem Geschäftsfeld Fuß zu fassen. Allerdings zu einer Zeit, als die mächtige Schlecker-Gruppe sich in Österreich flächendeckend ausbreitete. „Als wir diese Entwicklung bemerkt haben, haben wir unsere sieben Aspella-Filialen in Innsbruck und Umgebung dem Schlecker verkauft", schildert Wedl. Im Nachhinein bereut er diesen Schritt: „Vielleicht war das ein Fehler, denn die Drogerie-Geschäfte liefen nämlich gar nicht so schlecht."

Im politisch und wirtschaftlich gespaltenen Europa dieser Zeit bildete der Eiserne Vorhang auch den Grenzverlauf für das westlich geprägte Unternehmertum. Auf der einen Seite des Zauns die hart erkämpfte Demokratie, auf der anderen Seite die autokratisch gelenkten Staaten des Ostblocks. Hier die soziale Marktwirtschaft, dort die zentralistisch gesteuerte Planwirtschaft. „Aus unserer Sicht war der ganze Ostblock ein einziges großes Gefängnis", meint Wedl. Selten bot sich die Gelegenheit, einen Blick hinter den Eisernen Vorhang werfen zu können. „Wir reisten mit diversen Wirtschaftsdelegationen in manche Länder und merkten, dass die Menschen mit Achtung auf uns blickten. Wir Österreicher waren offensichtlich mehr als nur der kleine Bruder der Deutschen." Auch 1988 wurde eine solche Reise organisiert, Wedl war Mitglied einer Wirtschaftsdelegation. Die Reise führte nach Moskau, Georgien und weiter nach St. Petersburg. „Ich kann mich genau an die Eindrücke erinnern: In Moskau sah ich überhaupt niemanden lachen", erinnert sich der Tiroler. In Georgien dagegen hätten „die Augen der Menschen richtiggehend gefunkelt". Dort saß man im Flugzeug schnell einmal neben ein paar Hühnern und Obstkisten – die Bauern nahmen ihre Ware gleich im Flieger mit, um sie in der Stadt zu verkaufen. Devisen wie der harte Schilling waren im kommunistischen Osteuropa höchst willkommen und ein Türöffner im wahrsten Sinn des Wortes. „Im Zuge dieser Reise sind wir in einem Hotel am Schwarzen Meer abgestiegen. Das Haus war in einem fürchterlichen Zustand, aber ausgebucht", beschreibt Wedl die Situation: „Als wir mit unserem Westgeld ankamen, warf die Hotelführung die ostdeutschen Gäste aus dem Hotel. Von den Geschassten konnten wir uns alle möglichen Beschimpfungen anhören: ‚Kapitalistenschweine' war noch das geringste."

Das alte Stadtlagerhaus bis zum Jahr 1965

Kaffee ist seit den 20er Jahren der größte Stolz des Handelsunternehmens.

Nur ein Jahr nach dieser Reise sollte der Berliner Mauerfall 1989 auch dem Kapitalismus die Tür nach Osteuropa öffnen. „Kurz vor dem Mauerfall sah es aus, als würde die ganze Welt des Kommunismus aus Dominosteinen bestehen und ein Land nach dem anderen umfallen", meint Wedl heute. Aus seiner Sicht sei es seinerzeit das Zusammenspiel von „fünf großen Leuten" gewesen, ohne die der Umbruch in Osteuropa nicht erfolgt wäre. „Der damalige US-Präsident Ronald Reagan hatte militärisch massiv aufgerüstet, und mit diesem Wettrüsten konnten die Russen irgendwann nicht mehr mithalten", analysiert er als Zeitzeuge die Hintergründe des Wandels: „Und wenn der damalige deutsche Bundeskanzler Helmut Kohl nicht derart gut mit dem russischen Präsidenten Michail Gorbatschow gekonnt hätte und Papst Johannes Paul II. sowie Polens Präsident Lech Walesa nicht eine so starke Rolle gespielt hätten, wäre alles nicht so gekommen, wie es gekommen ist."

Veränderungen prägen auch die Geschichte seines eigenen Handelshauses. Heutzutage verbindet die Öffentlichkeit mit dem Tiroler Traditionsunternehmen in erster Linie den Kaffeegenuss – die Testarossa-Cafés sind ein Begriff. Dass sich diese Assoziation in den Köpfen vieler Menschen verankert hat, ist das Ergebnis einer jahrelangen Entwicklung. Der Startschuss dafür ertönte im Jahr 1992. „Damals haben wir gemerkt, dass der Kaffeetrend in Richtung des italienischen Espresso geht", erzählt der Firmenchef. „Daraufhin habe ich zu meinem Sohn Leopold gesagt: Schau zu mit deinen Leuten, dass du den allerbesten Espresso zusammenbringst." Es wurde beraten, probiert, schließlich Blindverkostungen veranstaltet. „Mit dem Ergebnis, dass wir offenbar mit den Allerbesten mithalten können", so Wedl. Das war der Beginn der großen Expansion mit den eigenen Café-Bars. Was fehlte, war der entsprechende Name, eine glaubwürdige Marke. Ein „brainstorming" filterte rund 130 mögliche Bezeichnungen heraus, davon kamen etwa fünf in die engere Wahl. Unter den Favoriten: „Testa rossa", was auf Italienisch nichts anderes bedeutet als „roter Kopf". Die Marke selbst war nicht neu. Der italienische Sportwagenhersteller Ferrari hatte Ende der 1950er-Jahre ein legendäres Rennauto danach benannt, später auch einem Straßenmodell seiner roten Flitzer diesen Namen gegeben. „Wir dachten daher zunächst, der Name sei bereits geschützt", erinnert sich Wedl. Bis Nachforschungen ergaben, dass sich Ferrari seinen „Testarossa" nur als Motorenmarke gesichert hatte. Für alles andere dagegen war der Name noch verfügbar. Eine glückliche Fügung für die Tiroler, die 1999 in Innsbruck die erste Testa-Rossa-Caffèbar eröffneten. Bis 2016, so ist der Firmenchronik nachzulesen, ist das Testa-Rossa-Konzept zu einem international etablierten Franchiseunternehmen angewachsen. Testa-Rossa-Caffèbars stünden demnach an den exotischsten Standorten der Welt – Korea, Ägypten, Türkei. Weltweit sind es rund 100 Bars, 50 davon in Österreich.

Unmittelbar nach dem Start der ersten Testa-Rossa-Bar in Innsbruck kam der Tiroler Großhändler erst richtig auf den Geschmack. „Wir haben uns gesagt: In Sachen Kaffee müssen wir authentisch wirken." Im Jahr 2000 übernahm das Unternehmen die Firma procaffè im italienischen Belluno. Stand 2016 produziert Wedl jährlich 7000 Tonnen Kaffee und liefert den Muntermacher in 70 Länder. Und zwar ausschließlich an Gastronomiekunden „im gehobenen Level", wie der Firmenchef betont. Insgesamt bietet das Unternehmen sieben verschiedene Kaffeemarken an: mit Bristot, Testa Rossa und Vescoli als bekanntesten. „Mehrere Marken zu führen hat den Vorteil, dass der eine Gastronom seinen Gästen die eine Marke anbieten kann, während der Wirt nebenan sich mit einer anderen Marke aus unserem Sortiment abheben kann." Täglich würden 2,4 Millionen Tassen einer Wedl-Kaffeemarke getrunken, rechnet der Kaffeeliebhaber vor. Er selbst gönnt sich mehrere Tassen am Tag: vormittags bevorzugt einen Cappuccino, nachmittags den einen oder anderen Espresso.

Drei Jahre nach der Übernahme der italienischen pro-caffè öffneten sich für den Tiroler Familienbetrieb mit Österreichs EU-Beitritt und später mit der Einführung des Euro viele Türen nach Europa. Für das Geschäft des Milser Großhändlers sei die Umstellung auf den Euro jedenfalls „eine Triebfeder nach oben" gewesen, „besonders in Italien. Dort haben wir ganz tolle geschäftliche Erfolge erzielt". Dass der EU-Beitritt allerdings auch den Tiroler Bauern zusetzen würde, war Wedl und anderen Tiroler Unternehmern wie dem Arlberger Hospiz-Wirt Adi Werner und „Speck-Kaiser" Karl Handl bewusst. Weshalb unter der Federführung der Firmenchefs noch vor dem EU-Beitritt eine Allianz geschmiedet wurde, um den Bauern zu helfen und die Tiroler Landwirtschaft auf die neuen Gegebenheiten eines grenzenlosen EU-Marktes vorzubereiten. „Die Landwirtschaft in Tirol war derart kleinstrukturiert, dass sie für eine Marktwirtschaft unbrauchbar war", schildert Wedl: „Die Bauern wurden ja gänzlich vom Staat versorgt. Wenn ein Bauer Milch produziert hat, hat der österreichische Staat ihm die Milch abgenommen. Mit Äpfeln, Fleisch funktionierte das genauso – eigentlich mit allem." Harte Diskussionen seien mit den Landwirten geführt worden, weil die Folgen des EU-Beitritts für sie einen Quantensprung und einen radikalen Umdenkprozess bedeuteten. Aus diesen Überlegungen heraus wurde schließlich 1995 die Agrar-marketing Tirol gegründet, die sich etwa um die Vermarktung der Bauernprodukte kümmert. Seither sitzt Wedl im Vorstand der Agrarmarketing. Die Bemühungen hätten gefruchtet, glaubt er: „Man hat sehr gute Bauernprodukte mit Mehrwert sowie eine Vermarktungsschiene geschaffen." Die Zusammenarbeit zwischen Landwirten und Tirol-Werbung habe sich sehr gut entwickelt, die Herstellung gewisser Tiroler Spezialitäten sei vereinheitlicht, die Rezeptur standardisiert worden. Der Hintergedanke: „Wenn ein Produkt am Markt erfolgreich ist, wäre es andernfalls für eine kleine Käserei unmöglich, den Bedarf zu decken."

Insgesamt sei Österreich einer der größten Profiteure der Europäischen Union, ist sich Wedl sicher. Vor dem EU-Beitritt sei Österreich anderen Ländern „hinterhergehinkt". Dennoch sieht der Handelsexperte das Projekt Europa auch mit kritischen Augen. „Die EU ist eine wunderbare Sache, aber es sind auch viele Fehler gemacht worden", meint er. Dabei alleine auf Europas Machtzentrum in Brüssel zu zeigen, greife allerdings zu kurz. „Auch die nationalen Regierungen sind schuld. Sie sind zwar alle für die EU, wenn aber Unangenehmes entschieden wird, zeigen sie mit dem Finger nach Brüssel", kritisiert Wedl. Man dürfe sich daher nicht wundern, wenn aus der Schaltstelle Europas vieles vorgeschrieben wird, meint er. Wenngleich manche Vorgaben doch zu kleinlich seien. „Einen gewissen Standard braucht es in Europa, aber hier wird häufig schon sehr stark überzogen", findet er. Es gebe eine Reihe an Fehlentwicklungen in der EU, die seiner Ansicht nach dringend korrigiert werden müssten. Besonders, was die zahlreichen Vorschriften betrifft, etwa die Kennzeichnung der Allergene, zu denen Wirte gezwungen sind. „Früher waren Speisekarten in einer blumigen Sprache formuliert. Wenn du heute eine Speisekarte in der Hand hältst und die ganzen Allergene siehst, muss du schon fast zum Arzt gehen, bevor du etwas isst." Auch gewisse gesundheitliche Entwicklungen in der Gesellschaft erklärt sich der Lebensmittelfachmann als Folge spezifischer Vorschriften, die viele Menschen in eine Lebensweise zwingen würden, in der die Lebensmittelvielfalt verloren gehe. Als Folge daraus will Wedl bei den Menschen eine geringere natürliche Resistenz gegen Allergien und Krankheiten erkannt haben: „Früher litten nur wenige Prozent der Menschen an Heuschnupfen oder Lebensmittelintoleranz. Mittlerweile ist es ein Drittel. Meiner Meinung nach spielt dabei auch die Nicht-Desensibilisierung eine Rolle. Weil die Leute nichts mehr vertragen und durch falsche Lebensweisen sich falsch ernähren", glaubt er. Früher, so sagt er, sei die Gicht eine Krankheit der Könige gewesen, heute sei es ab einem gewissen Alter „fast schon eine Volkskrankheit".

Doch nicht nur über manche Entwicklungen in der EU, auch über sein Heimatland kann sich der Tiroler ärgern. Österreich müsse zusehen, seine Verwaltung zu straffen und die Effizienz zu erhöhen, befindet er und vergleicht die Alpenrepublik mit der Schweiz: Die komme schließlich mit weniger Beamten aus als Tirol. „Österreich ist ein Versorger für alle. Wir haben die meisten Beamten und gehen am frühesten in Pension", kritisiert der Unternehmer. Nicht alles müsse der Staat erledigen, findet er, räumt allerdings gleichzeitig ein, dass man als Österreicher froh sein müsse, in einem Land mit sozialem Frieden zu leben. „Das hat einen sehr großen Stellenwert. Ein Milliardär in Mexiko möchte ich nämlich auch nicht unbedingt sein, wenn man sich dort die Kriminalitätsrate ansieht." Wedl ortet in Österreich allerdings zusehends eine Verrohung der Gesellschaft sowie Egoismen, die im sprachlichen Alltag beginnen und sich im öffentlichen Leben widerspiegeln. „Es ist ein vernünftiges Zusammenleben zwischen Arbeitgebern, Arbeitnehmern und der Politik notwendig, man muss miteinander reden und auf Gefahren einer Fehlentwicklung eingehen können", sagt er. „Wer aber nur an sich denkt, wird in Zukunft nicht mehr in diesem sozialen Frieden leben können." Europas Nationalstaaten hätten zuletzt einen wirtschaftspolitisch gefährlichen Weg eingeschlagen, der diesen sozialen Frieden gefährde. „Ich sehe die große Gefahr, dass Staaten immer mehr Macht abgeben an global agierende Konzerne, vor allem in den USA", fürchtet Wedl, der ein düsteres Zukunftsbild malt, sollte sich der eingeschlagene Weg der Turbo-Globalisierung fortsetzen. „Am Ende gibt es nur fünf oder zehn Konzerne, die das Sagen haben, und alle anderen sollen sich unterordnen."

Ausgangspunkt seiner Kritik sind wesentliche Punkte der geplanten Handelsabkommen mit den USA und Kanada, also TTIP (Transatlantic Trade and Investment Partnership) und CETA (Comprehensive Economic and Trade Agreement), die völlig geheim und abseits der Öffentlichkeit verhandelt wurden. Als Unternehmer, der in mehreren Staaten tätig ist, müsste Wedl solche Handelsabkommen mit anderen Ländern eigentlich begrüßen, allerdings schießen die beiden Pakte aus seiner Sicht weit über ein vernünftiges Maß hinaus. „Ein Warenaustausch unter fairen Bedingungen ginge ja in Ordnung. Doch eine völlig grenzenlose Globalisierung finde ich auch nicht gut." CETA, der Deal mit Kanada, war Anfang 2016 bereits fertig ausverhandelt, die Einführung mit Ende 2016 paktiert.

Angekündigt wurde das US-Freihandelsabkommen TTIP als Heilsbringer für Europas Wirtschaft. Wie die *Austria Presseagentur (APA)* ausführte, sollte TTIP sollte aus EU und USA die größte Freihandelszone der Welt mit 800 Millionen Menschen begründen und das Wirtschaftswachstum steigern. Wie bei jedem Pakt ging es auch bei diesem Abkommen im Kern um die Abschaffung von Zöllen und anderen Handelshemmnissen. 2015 tauschten beide Seiten täglich Waren und Dienstleistungen im Wert von zwei Milliarden Euro aus. Eine Beseitigung von Handelsbarrieren sollte nach Schätzungen der EU-Kommission die Wirtschaft der EU um 120 Milliarden Euro, die der USA um 90 Milliarden Euro und die der restlichen Welt um 100 Milliarden Euro wachsen lassen.[1]

2013 hatten die EU-Staaten der EU-Kommission das Mandat erteilt, über ein solches Abkommen mit den USA zu verhandeln. Doch jahrelang wurden die Gespräche unter Ausschluss der Öffentlichkeit geführt. Umso größer war die Empörung, als nach und nach durchsickerte, worüber die USA und die EU in aller Stille feilschten. Immer wieder kamen neue Details der geheimen Unterredungen ans Tageslicht, aufgezeigt vor allem durch Umweltschutzorganisationen wie Greenpeace. Das löste im Lauf der Zeit eine breite Protestbewegung aus. Die Palette an Ängsten war groß. Ausländische Konzerne könnten demnach EU-Länder vor eigens eingerichteten privaten Schiedsgerichten auf Schadenersatz verklagen, wenn etwa aufgrund von Gesetzesänderungen die Gewinne schrumpfen. Gemeinden wiederum könnten zur Privatisierung der Wasserversorgung, des Gesundheits- und Bildungssystems gezwungen werden. Auch die heimische Landwirtschaft blickte besorgt auf die TTIP-Verhandlungen. Agrarkonzerne in den USA, die jeweils Tausende Tiere halten und dank dieser Masse auch billig produzieren, würden die heimische Bauernstruktur endgültig zerstören. Zudem würde Europa mit genmanipulierten Nahrungsmitteln überschwemmt, mit Fleisch von Rindern, die mit Hilfe von Hormonkuren großgezüchtet wurden, auch das mit Chlor desinfizierte Hühnchen würde Eingang in die Supermarktregale finden. Kritiker des Abkommens befürchteten zudem, die hohen Verbraucherschutzstandards der EU könnten durch die Öffnung der Grenzen für US-Produkte gesenkt werden. Einer der größten Streitpunkte betraf allerdings die Investitionsschutzabkommen und die privaten Schiedsgerichte.

Letztere sollten Streitigkeiten zwischen Investoren und Staaten schlichten. Theoretisch können sie Unternehmen Schadenersatz zusprechen, wenn sich herausstellt, dass diese ungerechtfertigt unter politischen Entscheidungen leiden. Kritiker sahen die Gefahr, dass große Konzerne einzelne Staaten wegen bestimmter Gesetze verklagen könnten.

Lieber regional als grenzenlos global

Auch Wedl gehört in diesen Punkten zu den Kritikern. Private Schiedsgerichte würden die gesamte Gesellschaft aushöhlen, die Rechtsstaatlichkeit und damit die gesamte Demokratie unterwandern, fürchtet er. „Dass man bei TTIP private Schiedsgerichte bei juristischen Streitigkeiten zwischen Firmen und Staaten entscheiden lassen will und nicht die nationalen Gerichte, ist verheerend", schimpft Wedl. „Damit wird die Rechtsstaatlichkeit so lange ausgehöhlt, bis die einzelnen Nationen nichts mehr zu melden haben." Die Entwicklungen bei TTIP und CETA würden Stand 2016 in diese Richtung führen. Auf Dauer, kritisiert er, würden dadurch die Reichen noch reicher und die Mächtigen noch mächtiger. „Man darf die Menschen nicht für blöd verkaufen. Schiedsgerichte werden von Lobbyisten beeinflusst, vor allem aus den USA. Und es darf nicht in die Richtung gehen, dass nur noch ein Prozent der Bevölkerung die Welt regiert, und alle anderen sind fast versklavt", warnt Wedl.

Es seien vielmehr die regionalen Strukturen, die zu erhalten seien. Sie seien es, die eine Gesellschaft festigen und deren Wirtschaftskreisläufe aufrechthalten würden. „Man muss vor allem diese regionalen Strukturen erhalten. Wir können uns nicht von Konzernen und Großfarmerlobbys aus Amerika sagen lassen, von wem wir den genmanipulierten Getreidesamen kaufen müssen", findet

Wedl. „Um bei diesem konkreten Beispiel zu bleiben: Ich finde, wir sollten selbst die Entwicklung unserer eigenen Pflanzen- und Getreidesamen vorantreiben, die auch an unsere Landschaft angepasst sind." Österreich habe eine kleinstrukturierte Wirtschaft, die es dauerhaft zu erhalten gelte. Mit TTIP und CETA, wie sie 2016 ausgestaltet waren, gehe vielmehr eine Bevormundung und ein Diktat der Konzerne einher. „Es darf nicht alles von Großkonzernen vorgegeben werden", warnt Wedl als Verantwortlicher eines Familienbetriebs. Er ist nicht der Einzige, dem die Tendenzen zu einer völlig schrankenlosen Globalisierung Sorgen bereiten. „Ich finde es auch schrecklich, dass man mit Ländern Handel betreibt, die ihre Bevölkerung wie Sklaven halten. Wo 20 Familien in Saus und Braus leben, während alle anderen unter bedenklichen Bedingungen schuften, um billige Textilien herzustellen."

Mit der Systemkritik steht Wedl im Jahr 2016 bei weitem nicht alleine da. In der Bevölkerung stemmt sich eine breite Front gegen die beiden Handelspakte und besonders gegen die Geheimverhandlungen darüber. Die Abneigung liegt auch daran, dass die Debatte in eine äußerst ungünstige Zeit fiel, in der ein Konvolut aus Ängsten, Sorgen, Frust und Ärger die Gefühlswelt beherrscht. Die Finanzkrise, die 2008 ausbrach, ist noch nicht verdaut. Mehrere Großbanken wurden mit vielen Milliarden Euro an Steuergeldern am Leben gehalten, während die Staatsschulden aller europäischer Länder explodiert sind. Hunderte Milliarden Euro an Hilfsgeldern flossen in Krisenländer wie Griechenland, um damit Bankenkredite und Anleger bedienen zu können. Konzerne, die sich auch dank Unterstützung europäischer Staaten durch Tricksereien Milliarden an Steuern sparen, ziehen den Zorn der Bürger auf sich. Nicht nur wirtschaftlich, auch politisch wurde Europa in dieser Zeit zusehends zum Pulverfass. Die Beziehungen zu Russland kühlen ab, nachdem sich die Großmacht unter Präsident Wladimir Putin die ukrainische Halbinsel Krim einverleibt hat und die EU daraufhin Wirtschaftssanktionen gegen Russland verhängt. Einige Jahre davor hatte der Arabische Frühling die Kräfteverhältnisse in den nordafrikanischen Staaten verändert, später trat der Krieg in Syrien eine Flüchtlingswelle in Richtung Europa los und traf die EU völlig unvorbereitet. Zeitgleich stieg aus der Asche der Krisengebiete im Irak die Terrormiliz Islamischer Staat (IS) hervor, die auch in Europa mit zahlreichen Anschlägen Angst und Schrecken verbreitet. Auch auf diese Gefahr scheint der Kontinent zunächst keine passende Antwort zu finden. Ebenso wenig wie auf das Verhältnis mit der Türkei, wo der türkische Präsident Erdoğan die Alleinherrschaft in seinem Land anstrebt und demokratische Strukturen zerstört. Die Summe all dieser politischen und wirtschaftlichen Entwicklungen lässt den Zusammenhalt zwischen den EU-Staaten bröckeln, in vielen Ländern Europas setzt sich wieder zusehends der Nationalismus durch. Was auch darin gipfelt, dass die Bürger Großbritanniens mehrheitlich für den „Brexit" abstimmten, also für den Austritt aus der Europäischen Union.

Finanz- und Schuldenkrise, Terror, die Schreckensmiliz IS, die Flüchtlingswelle, der Türkei-Konflikt und der „Brexit" prägen das Europa im zweiten Jahrzehnt der 2000er-Jahre. „Die Exzesse sind widerwärtig. Hier spielt sich Ähnliches ab wie die einst Glaubenskriege zwischen Katholiken und Protestanten", beklagt Wedl. Manche arabische Länder seien in ihrer Weltanschauung „500 Jahre hinten und deshalb kommt es erst zu solchen Auswüchsen". Einige Staaten wie etwa das erdölreiche Oman nimmt der Tiroler davon aus. Er selbst sei ein begeisterter Oman-Anhänger, betont Wedl. „Ein Land, das tolerant gegenüber anderen Kulturen ist", befindet er. Sultan Qabus bin Said al-Said regiere das Land „außerordentlich gescheit". Er habe „ein modernes Land gestaltet und lässt die Bevölkerung Anteil daran haben". Es gebe im Oman zwar keine politischen Parteien, merkt Wedl an, und auch gegen den Sultan dürfe das Volk kein schlechtes Wort verlieren, aber sonst sei alles perfekt. „Die Menschen dort sind zufrieden. Mit 21 Jahren bekommt man ein Grundstück oder den Teil einer Wohnung oder eines Hauses. Es gibt vier katholische Kirchen, der Sultan lässt Andersgläubige existieren. Obwohl es ringsherum schlimm zugeht, herrscht im Oman Ruhe, weil es den Leuten gut geht. Der Oman ist weltoffen und gut geführt", hält der vielgereiste Haller mit seiner Begeisterung nicht hinterm Berg.

Für einen Großteil der Krisen macht Wedl die USA und die Zurückhaltung Europas verantwortlich. „Viele Krisen, die wir jetzt zu spüren bekommen, sind von den USA verursacht worden", kritisiert er. „Die zündeln dort, wo es um Öl und Waffen geht, und Europa erbt die Folgen davon", spricht der 78-Jährige beispielsweise die Irak-Kriege an. Der Weltöffentlichkeit seien über die Kriegsgründe „Märchen erzählt" und die gesamte Region destabilisiert worden. „Europa ist schon mehrmals von den USA missbraucht worden", analysiert der Unternehmer. „Sie zetteln Kriege an, sie haben uns das Bankensystem aufgezwungen, auch die Restriktionen gegen Russland treffen uns um ein Vielfaches härter als die USA." Auch die Europäer seien an dieser Entwicklung schuld. „Der Fehler der Europäer ist: Man will zwar Frieden haben, doch wenn es irgendwo brennt, sollen es die USA richten", moniert Wedl. „Man muss schon auch selbst aufstehen und gerüstet sein, wenn andere zur Waffe greifen", findet er.

Die Vorstellung einer grenzenlosen Freiheit sei aus seiner Sicht eine Illusion. „Die kann es nicht geben, weil die Bevölkerung immer mehr zunimmt", sagt Wedl. Eine der letzten Freiheiten, die ihm selbst gegönnt seien, erlebe er am Meer – der jährliche Segelurlaub auf dem eigenen Segelboot ist nicht aus dem Kalender zu streichen. „Es erinnert einen daran, sich den Respekt vor der Natur zu bewahren. Denn auf dem Meer hat immer das Wetter das Sagen." Alle Seemeilen zusammengerechnet sei er bereits zwei Mal um die ganze Welt gesegelt: „Beim Segeln kann ich mich völlig erholen und erfahre die schönsten Erlebnisse." Mit jeder Seemeile entferne man sich auch von allen trüben Gedanken, die einen im Alltag belasten. „Als Unternehmer hat man laufend Visionen, um die man kämpft. In der Praxis kommen aber an einem Tag durchschnittlich 97 negative Dinge auf einen zu und nur drei positive." Seine Liebe zum Segeln entfaltete sich im Zuge seiner Mitgliedschaft im „Round Table", einem traditionsreichen Männer-Netzwerk. „Dort gab es zwei Gruppen mit unterschiedlichen Hobbys: die Jäger und die Segler. Eines Tages bin ich mit einem Segler mitgefahren und habe das auf Anhieb toll gefunden", erzählt Wedl. Seit diesem Erlebnis habe er sein gesamtes Leben in den Sommermonaten umgestellt: „Meine drei bis fünf Wochen Segeln im Jahr lasse ich mir nicht nehmen."

Drei Jahre lang tastete sich der Hobby-Segler anfangs mit seinem ersten eigenen Boot am Chiemsee und am oberösterreichischen Traunsee an die Materie heran. „Dann war der Zeitpunkt gekommen, an dem ich ins Regattasegeln einsteigen wollte", schildert Wedl. „Also fuhr ich auf eine Messe, um ein entsprechendes Segelschiff zu kaufen, erhielt aber nur zwei oder drei Prozent Rabatt angeboten. Das war mir zu wenig, also habe ich gleich die ganze Vertretung des Herstellers für Österreich übernommen. Entsprechend günstiger kam ich auch zu einem neuen Schiff." Das war die „Nina 1", benannt nach seiner Tochter. Mittlerweile segelt er auf der „Cutty Sark" durchs Mittelmeer, benannt nach einem legendären Handels-Segelschiff aus dem 19. Jahrhundert. Sein holländisches Stahlschiff mit 59 Bruttoregistertonnen Wasserverdrängung liegt vor Mallorca auf Anker. „In Palma habe ich ein eigenes Plätzchen."

Der Charakter eines Menschen komme kaum an einem anderen Ort schneller zum Vorschein als am Segelschiff, meint er. Denn selbst wenn das Gleiten über der Meeresoberfläche ein Gefühl der grenzenlosen Freiheit vermitteln mag, im täglichen Miteinander endet die Freiheit jedes Einzelnen an der Reling. „Nach einer Woche kennst du jeden ganz genau. Ein paar Tage lang kannst dich vielleicht verstellen, länger aber nicht", weiß der Kapitän. Zwei, drei Mal sei die Situation am Schiff eskaliert. Solche Situationen seien auch der Grund, weshalb er nicht länger als drei Wochen mit denselben Leuten segeln würde. „Da können die besten Freundschaften kaputt gehen", sagt Wedl: „Ich könnte mir auch nicht vorstellen, alleine mit meiner Frau oder mit Freunden die Welt zu umsegeln." Zwei bis drei Mal sei er auf hoher See nur knapp dem Tod entronnen. Beispielsweise an dem Tag, als ein kräftiger Sturm aufzog und meterhohe Wellen über das Deck schlugen. „Ich lege eigentlich immer höchsten Wert darauf, dass jeder an Bord alle Sicherheitsmaßnahmen einhält", betont er. Ausgerechnet an diesem stürmischen Tag war er allerdings bei sich selbst nachlässig. Seine Rettungsweste lag an ihrem Platz am Segelschiff statt umgeschnallt am Oberkörper. „Es kam, wie es kommen musste", erzählt er: „Eine Welle erwischte mich und hätte mich beinahe über Bord geschleudert." Mit allerletzter Kraft habe er sich noch am Geländer festhalten können: „Ich wäre beinahe auf Niemehr-Wiedersehen im Meer verschwunden."

Das letzte Stück Freiheit: Mehrere Wochen im Jahr segelt Wedl auf seiner „Cutty Sark" übers Mittelmeer.

111 Jahre Wedl

Die Kaffeemarke Testa Rossa: Seit 1995 untrennbar mit dem Hause Wedl verbunden.

Grenzerfahrungen auf hoher See

Insgesamt habe er „ein interessantes und turbulentes Leben geführt". Die eigene Familie, gesteht er, sei dabei aber zu kurz gekommen. „Eines muss man sagen: Wenn du ein Unternehmen führst und dich komplett in die Aufgabe reinkniest, dann kommt die Familie immer zu kurz", bemerkt er selbstkritisch. In den ersten sieben Jahren, nachdem er die Firma übernommen hatte, habe er sich lediglich drei Tage Urlaub gegönnt. „An allen anderen Tagen bin ich um sieben Uhr früh aus dem Haus gegangen und am Abend um acht oder neun wieder heimgekommen, auch samstags und sonntags. Für die Kinder ist dabei nicht viel Zeit übriggeblieben", räumt der dreifache Vater ein. „Man kann sich das Ganze wahrscheinlich auch anders einteilen, aber das war mir damals nicht bewusst. Weil das Geschäft so wichtig war, hab ich das nicht erkannt." Vier Mal war er verheiratet, mit einer Frau zweimal. Aus der ersten Ehe entstammen zwei Kinder, Leopold (51) und Nina (48). Auch Leopold bekleidet eine Führungsposition in der Wedl-Gruppe. Für seinen ältesten Sohn sei es nicht immer einfach gewesen, sich im Schatten seines Vaters zu entwickeln, räumt Wedl ein. „Zu meiner Zeit als junger Chef war es vielleicht leichter, weil damals die Unternehmen mit gleichen Mitteln gekämpft haben. Heute kämpfen wir im Gastronomiegroßhandel als Familienbetrieb gegen drei global player", vergleicht der langjährige Firmenchef. „Du brauchst 500 Millionen Euro Umsatz, um deine Strukturen zu erhalten und das Unternehmen weiterzuentwickeln. Die ganz Großen der Branche machen mehr als 10 Milliarden Euro Umsatz – die müssen das Rad nur einmal erfinden und können es in verschiedenen Ländern anwenden. Solche Waffen hat ein Familienunternehmen in dieser Form nicht." Seine Tochter Nina (48) verzichtete auf einen Werdegang im eigenen Unternehmen. „Sie ist leider nicht mehr in der Firma.

Ich denke aber, sie hätte die Sache sehr gut gemacht, ihr Lebenswunsch ging aber in eine andere Richtung", sagt Wedl. Sohn Lorenz (26) dagegen bahnt sich innerhalb des Familienbetriebs seinen Weg. Für seine insgesamt vier Enkel (ein bis sechs Jahre alt) versucht der Firmenchef, sich mehr Zeit zu nehmen. „Zumindest zwei Wochen im Jahr habe ich ausschließlich nur Zeit für sie: Eine Woche fahre ich mit ihnen im Segelboot und im Winter verbringen wir eine Skiwoche in Lech." Seit 50 Jahren zieht es ihn zum Winterurlaub in den Vorarlberger Nobelskiort.

An sein Alter erinnert zu werden, hört der 78-Jährige ungern. Schließlich hat er noch viel vor mit dem Unternehmen. Doch wie sieht die Zukunft des Wirtschaftens und des Arbeitens aus? Welche Trends, welche Neuigkeiten werden sich durchsetzen? Und dreht sich das Rad der Innovationen nicht zu schnell, um hier überhaupt zuverlässige Prognosen anzustellen? „Wenn man sich den Fortschritt in der Informationstechnik anschaut, ist das Tempo schon sehr beängstigend", meint Wedl. Auch er kann zwar den Blick in die Glaskugel richten, erkennen lässt sich darin aber häufig auch nur Vages und Verschwommenes. „Was passiert, wenn der intelligente Computer kommt: Werden wir dann zu Sklaven der Maschinen in einer total überwachten Welt? Man weiß es nicht", fragt sich selbst der erfahrene Unternehmer: „Das Rad dreht sich immer schneller. Mir hat einmal jemand gesagt, dass die IT-Entwicklung sieben Mal schneller voranschreitet als die ‚normale'. Weit daneben liegt er mit dieser Einschätzung wohl nicht." Bei einem Treffen hochrangiger Manager im Jahr 2015, erzählt Wedl, sei versucht worden, darzustellen, wie die Welt im Lebensmittelhandel im Jahr 2025 aussieht. In dieser Welt sei alles vernetzt, alles automatisiert. Bestellungen an die Lieferanten erfolgen automatisch von der Küche aus, die Ware wird mittels fahrerlosem LKW angeliefert. Die Besorgnis, ob mit der Automatisierung eine völlige Arbeitslosigkeit einhergeht, hätten dabei manche der Fachleute vom Tisch gewischt. „Das Gegenteil wird passieren: In zehn Jahren würden wir das Doppelte arbeiten", zitiert Wedl einen der Experten. Er selbst zieht aus dem verschwommenen Zukunftsbild der Arbeitswelt folgenden Schluss: „Es zeigt sich, dass man zwar die kommenden Trends erkennt, jedoch nicht genau weiß, welche Auswirkungen sie haben werden." Der Chef von rund 1300 Mitarbeitern glaubt selbst nicht an eine völlige Arbeitslosigkeit in einer automatisierten Welt oder gar an ein massenhaft arbeitsloses Einkommen. Den Grund dafür ortet er schlicht in der Natur des Menschen. „Ich denke, auf Dauer ist der Mensch ohne Arbeit und ohne Herausforderung nicht glücklich."

Die Gegenwart im Hause Wedl sieht derweil so aus: Die Tiroler Firmengruppe zählt derzeit 1300 Beschäftigte und setzt weltweit 530 Millionen Euro um. „Und wir wollen weiter expandieren", kündigt Wedl an. Der Tiroler Großhändler beliefert die Top-Gastronomie, in Österreich etwa vom Haubenrestaurant Sieberer in Ischgl über das Gourmetrestaurant Johanna Maier in Filzmoos, das Haubenlokal Esszimmer in Salzburg bis zum Gourmet-Tempel von Liesl Bacher im niederösterreichischen Mautern und dem Hotel Sacher in Wien. Den Kopf der Firmengruppe bildet die Wedl & Hofmann GmbH, bei der Leopold Wedl mit 53 Prozent der Anteile die Mehrheit hält. 41 Prozent gehören Wilhelm Hoffmann, mit dem er einst das Imperium aufgebaut hat. Jeweils drei Prozent halten Lorenz Wedl und Leopold Wedl jun. Unter dem Firmendach entspannt sich ein Geflecht aus zahlreichen Unternehmen, darunter fallen beispielsweise zehn C+C-Großhandelsmärkte, die Rösterei Procaffè im italienischen Belluno sowie die Franchisekette Testa-Rossa-Caffèbar. Insgesamt zählt Wedl 31 Unternehmen, die unter seiner Obhut stehen.

„Und alle 31 Firmen waren zuletzt positiv", betont Wedl nicht ohne Stolz: „Firmen zu kaufen und zu verkaufen war mit eines der besten Dinge, die wir gemacht haben, weil wir dadurch gewachsen sind." Die USA wurde mit den Testa-Rossa-Bars bis dato noch nicht erobert. „Wir haben in den USA zwei Firmen. Eine davon dient als Platzhalter für den Namen Testarossa – mit der Kette sind wir dort allerdings noch nicht wirklich weitergekommen", räumt Wedl ein. Drei Mal habe er mit unterschiedlichen Unternehmen schweren Seegang durchstehen müssen. „Wir haben im Lauf unserer Firmengeschichte insgesamt 21 Firmen gekauft, nur zwei davon sind nicht gelaufen, weil sie zu personenbezogen geführt wurden", sagt Wedl. Der Ausflug in die Welt der Diskonter sei rückblickend letztlich finanziell sehr lukrativ gewesen. Die Haupt-Handelsfirma habe allerdings noch Potenzial nach oben. „Die ist noch nicht dort, wo ich sie haben will", schildert Wedl. Ein ehemaliger Geschäftsführer habe ihn als Folge von Fehlentwicklungen viel Geld gekostet.

Stolz ist Wedl auch auf den Aufstieg seines Unternehmens in Italien. „Wir beliefern die Top-Gastronomie von Oberitalien und bis runter nach Rom und Turin mit Feinkost", schildert er. Alleine in Venedig vertraue die Crème de la Crème der Hotellerie auf die Milser Firmengruppe. So etwa die Top-Häuser der Lagunenstadt: Danieli, Monaco oder Cipriani. Wedls Partner in Italien ist die Firma Wörndle Interservice, einer der größten Frische-Lieferanten in Oberitalien. Wobei Interservice ein in Österreich und Italien durch Wedl geschützter Name für die Zustellbereiche der Gastronomie ist. Dreimal wöchentlich werde von der Bretagne meeresfrischer Fisch angeliefert. „Innerhalb von 24 Stunden nach dem Fang ist der Fisch vor Ort. Das ist bei solchen kurzlebigen Lebensmitteln eine Sensation", betont Wedl. Ein Tiroler, der in Frankreich frischen Fisch kauft und an Italiens

Top-Hotellerie weiterverkauft – auch keine alltägliche Kombination.

Nicht minder stolz blickt der Herr Kommerzialrat auf seine zahlreichen Auszeichnungen. An der holzverkleideten Wand in seinem Büro in Mils, wo das Unternehmen seit 1967 angesiedelt ist (an der Leopold-Wedl-Straße 1, wo sonst?), lassen sich auf den umrahmten Urkunden die Ergebnisse seines unternehmerischen Handelns ablesen: 1982 erhielt er das Goldene Ehrenzeichen der Republik Österreich, 1992 das Verdienstkreuz des Landes Tirol, 2009 das Große Silberne Ehrenzeichen für Verdienste um die Republik Österreich und schließlich 2015 das Große Verdienstzeichen des Landes Salzburg, das eigentlich nur an Unternehmer mit Sitz in Salzburg verliehen wird.

Mehr als 40 Jahre lang vertrat Wedl zudem als hochrangiger Wirtschaftskammerfunktionär die Interessen seiner Branche. Doch welchen Lebensweg hätte der Manager eingeschlagen, wäre er nicht in eine Unternehmerfamilie geboren worden? „Wenn ich nicht diese Laufbahn als Unternehmer gemacht hätte, hätte mich am ehesten Maschinenbau und solche Dinge fasziniert", sagt er. Einen kurzen Moment lang erschien sogar der Start einer völlig anderen Lebensgeschichte denkbar. „Dazu muss ich vorausschicken, dass ich damals noch ein kleiner Junge war und wir eine eigene Kapelle hatten", erzählt Wedl. „Als ich zehn Jahre alt war, wäre mir komischerweise vorgekommen, ich sollte Priester werden und in Afrika in die Mission gehen", erinnert sich Wedl: „Das hat sich aber dann rasch erledigt. Ich war doch lieber derjenige, der die Kollekte einsammelt."

Anmerkung

1   Vgl. APA-Meldung vom 17. 6. 2013 (APA0431 5 WA 0595 AA/KA)

Bildnachweis

Böhm, Thomas: S. 13, 39 (o.), 151

Christian Berger Film: S. 71 (o.l.)

Dolomiten/Gamper: S. 86 (u.)

Foto Kriesche: S. 27 (u.l.)

Galerie Elefant: S. 155 (u., Repro Markus Hauser)

Gemeindechronik Telfs: S. 119 (u.), 125, 132

Hasselwanter, Jörg: S. 33 (u.l.)

Hammerle, Julia: S. 43

Hauser, Markus: S. 161, 183

Huger, Stepahn: S. 7

Kirchner, Dietmar: S. 33 (o.)

Kopp, Otmar: S. 39 (u.)

Krinzinger, Fritz: S. 27 (u.r.)

Moser Holding/Aichner: S. 9

Murauer, Thomas: S. 109 (o.)

ORF: S. 11

Parigger, Robert: S. 86 (o.l.)

Rottensteiner, Andreas: S. 17, 81, 86 (o.r.), 113, 195

TT-Foto Falk: 109 (u.)

TTV: S. 47, 59, 71 (o.r. und u.)

Walter, Erich: S. 33 (u.r.)

Watzek, Gerhard: S. 155 (o.r., Repro Markus Hauser)

Alle weiteren Fotos stammen aus den Privatarchiven der porträtierten Zeitzeuginnen und Zeitzeugen.

Tirol menschlich betrachtet
Zeitzeugen im Gespräch
herausgegeben von Tiroler Tageszeitung, ORF Tirol und
Casinos Austria
232 Seiten, fest gebunden
€ 19.90
ISBN 978-3-7099-7221-2

Tirol durch die Augen von sechs bekannten Tiroler Persönlichkeiten:

Alpinlegende Reinhold Messner, Maler und Bildhauer Rudi Wach,
Helga Machne, die erste Bürgermeisterin Tirols, der Goinger
Stanglwirt Balthasar Hauser, in dessen Hotel internationale VIPs
aus und ein gehen, Athesia-Grande-Dame Martha Ebner und der
ehemalige Tiroler Landeshauptmann Wendelin Weingartner – all
ihre Erfahrungen und Erlebnisse bilden ein bewegendes Mosaik aus
mehreren Jahrzehnten der Tiroler Geschichte.

www.haymonverlag.at

Tirol persönlich erzählt
Zeitzeugen im Gespräch
herausgegeben von Tiroler Tageszeitung, ORF Tirol und
Casinos Austria
192 Seiten, fest gebunden
€ 19.90
ISBN 978-3-7099-7186-4

Fünf bekannte Tiroler Persönlichkeiten erzählen ihre ganz
persönliche Geschichte Tirols: „The Voice" Ernst Grissemann spricht
über eine jahrzehntelange Radiokarriere, über die Entwicklung des
Songcontests und seine Liebe zur Schauspielerei. Helmut Pechlaner,
langjähriger Leiter des Innsbrucker Alpenzoos und ehemaliger
Direktor des Tierparks Schönbrunn, beschreibt das Innsbruck
der Nachkriegszeit, die nicht immer leichte Arbeit im Tierpark
Schönbrunn und die Zeit bei „Treffpunkt Natur". Bildhauer und
Künstler Jos Pirkner redet von großer Liebe und großer Kunst,
bewohnbaren Skulpturen und dem Verhältnis zwischen Kunst und
Provinz. Berglegende Wolfgang Nairz erklärt, weshalb er Innsbruck
als Welthauptstadt des Optimismus bezeichnet und wie er sich die
Welt erkletterte. Der Industrielle und Volksschauspieler Arthur
Thöni erzählt von seinem Streben nach Unabhängigkeit, straffer
Zügelführung als Notwendigkeit für unternehmerischen Erfolg und
von der Kontroverse um die bekannte Dornenkrone, die nahe seinem
Firmengelände in Telfs ihren Platz gefunden hat.

Sie alle schildern in diesem Buch, wie sie wichtige Ereignisse in
der Geschichte dieses Landes erlebt und mitgestaltet haben.

www.haymonverlag.at

Tirol lebendig erinnert
Zeitzeugen im Gespräch
herausgegeben von Tiroler Tageszeitung, ORF Tirol und
Casinos Austria
256 Seiten, fest gebunden
€ 19.90
ISBN 978-3-7099-7095-9

Hier wird die Geschichte Tirols lebendig: Sieben prägende
Persönlichkeiten aus Tirol erzählen davon, wie sie die vergangenen
Jahrzehnte miterlebt und mitgestaltet haben. Der Vorreiter der
Transplantationschirurgie Raimund Margreiter, die ehemalige ORF-
Generaldirektorin Monika Lindner, der „Herr des Hahnenkamms"
Klaus Reisch, der Ex-Vorstandsvorsitzende der Strabag und Förderer
der Tiroler Festspiele in Erl Hans Peter Haselsteiner, ÖSV-Präsident
Peter Schröcksnadel, die Tourismuspionierin Midi Seyrling und der
Extrembergsteiger Peter Habeler, der vor 35 Jahren gemeinsam mit
Reinhold Messner erstmals ohne künstlichen Sauerstoff den Mount
Everest bestiegen hat – sie alle lassen uns an ihren Erinnerungen
teilhaben.
Tirol aus einer ganz besonderen Perspektive – von innen.

www.haymonverlag.at

Tirol hautnah erlebt
Zeitzeugen im Gespräch
herausgegeben von Tiroler Tageszeitung, ORF Tirol und
Casinos Austria
232 Seiten, fest gebunden
€ 19.90
ISBN 978-3-7099-7018-8

Sechs Tiroler Persönlichkeiten, sechs bewegte Leben, sechs
besondere Menschen, die die Geschichte dieses Landes mitgestaltet
haben: Schauspielerin Julia Gschnitzer, Diplomat und Politiker
Ludwig Steiner, Altbischof Reinhold Stecher, Autor, Unternehmer
und politischer Aktivist Heinrich Klier, Dramatiker und Schauspieler
Felix Mitterer und der Südtiroler Landeshauptmann Luis
Durnwalder. Als Zeitzeugen schildern sie in diesem Buch persönliche
Eindrücke und wichtige Ereignisse, die sie hautnah miterlebt haben.

In einer Kooperation von Tiroler Tageszeitung, ORF Tirol und
Casinos Austria haben bekannte TT-Redakteure die Geschichten der
Zeitzeugen anhand von Gesprächen aufgeschrieben – einzigartig
intime Einblicke in das Innenleben Tirols.

www.haymonverlag.at